アジ研選書51

アジアの障害者の
アクセシビリティ法制

― バリアフリー化の現状と課題 ―

小林 昌之 編

アジア経済研究所
IDE-JETRO

まえがき

　本書は，アジア経済研究所が2016年度と2017年度の2年間実施した「アジアにおける障害者のアクセシビリティ法制」研究会の最終成果である。本研究は，これまでの研究成果――小林昌之編『アジアの障害者雇用法制―差別禁止と雇用促進―』アジア経済研究所（2012年）および小林昌之編『アジアの障害者教育法制―インクルーシブ教育実現の課題―』アジア経済研究所（2015年）――をふまえて実施されている。

　前者では個別分野で最も喫緊な課題である障害者の雇用に焦点を当て，障害者が一般労働市場で就労するためには，その前提として十分な教育・訓練を受けることが必要となっていることを指摘した。後者では，その障害者の教育に焦点を当て，障害者の就学実態および障害者権利条約が謳うインクルーシブ教育実現の課題を考察した。いずれの研究においても，障害者の雇用と教育の法整備のほかに，障害者が実際にその権利を実現するためには，通勤・通学の手段や情報・コミュニケーションなどへのアクセシビリティの保障が不可欠であることが指摘されていた。そこで本書では，障害者のアクセシビリティに焦点を当て，障害者権利条約の諸規定を基準に，アジアの障害者が直面している施設，交通，情報，サービスなどへのアクセスの障壁ならびに解消に向けた法整備の実態を分析し，課題を明らかにすることにつとめた。

　研究会は，現地の法律と言葉に精通しているアジア法を専門とする研究者と「障害と開発」やアジアの障害当事者運動に造詣の深い研究者・実務家ならびにアクセシビリティの専門家を委員として構成された。研究は両者が協働する形で進められ，議論と現地調査をとおして，各章とも現地の法制度，法文化，障害当事者の動向をふまえた論考とすることができた。本書によって，わずかながらでもアジア各国の知見の共有が促進されることになれば幸いである。

研究会では，外部の有識者からレクチャーを受け，貴重なアドバイスをいただくことができた。2016年度は，日本女子大学家政学部の佐藤克志氏からアジアのバリアフリー環境整備の実情と課題に関して，東洋大学ライフデザイン学部の川内美彦氏からオリンピック・パラリンピックと障害者権利条約を視点にバリアフリーからユニバーサルデザインへの移行の課題に関して，東京手話通訳等派遣センターの高岡正氏から聴覚障害者の情報アクセシビリティの問題について，大変興味深い内容のレクチャーをいただいた。2017年度は，静岡県立大学国際関係学部の石川准氏から障害者政策委員会などの議論をふまえた情報アクセシビリティ法制の課題に関して，DPI日本会議副議長の尾上浩二氏からバリアフリー新法下におけるアクセシビリティ保障の課題に関して，ご報告いただいた。また，手話通訳者各氏には難解な議論の通訳をサポートしていただいた。ここに記して感謝の意を表したい。

　最後に，研究会の内部および外部の匿名の査読者の方々からも的確なご批判と貴重なコメントを頂戴し，最終原稿に向けたとりまとめに大いに参考にさせていただいた。また，現地調査に際しては多くの方々が貴重な時間を割いてくださったおかげで，有用な情報を得ることができた。この場を借りて感謝申し上げたい。

2018年9月

編　者

目 次

まえがき
略語一覧

序　章　障害者アクセシビリティの目的と課題
……………………………………………小林昌之　1

はじめに　1
第1節　障害者権利条約とアクセシビリティ　3
第2節　アクセシビリティに関する先行研究　9
第3節　本書の構成　11
おわりに　16

第1章　韓国のアクセシビリティと法制度　………崔　栄繁　19

はじめに　19
第1節　韓国の障害者の現況と法制度　21
第2節　アクセシビリティ確保のための施策を推進するための
　　　　法制度　23
第3節　障害者差別禁止法　40
第4節　特殊言語に関する法律　42
おわりに　46

第2章　中国におけるバリアフリー環境建設
　　　　　―アクセシビリティ法制の課題―　……………小林昌之　53

はじめに　53
第1節　アクセシビリティ法制の発展　54
第2節　アクセシビリティに対する現状認識と評価　64
第3節　立法および実施上の課題　69

iii

おわりに　*78*

第3章　バリアフリー化の三角形からみるベトナムの
　　　　　アクセシビリティ …………………………上野俊行　*81*

はじめに　*81*
第1節　障害者の概況　*84*
第2節　障害者とバリアフリーに関する法制度　*88*
第3節　バリアフリーの現状　*95*
おわりに　*104*

第4章　タイにおける障害者アクセシビリティの
　　　　　法的保障と実現における問題 …………西澤希久男　*109*

はじめに　*109*
第1節　タイにおける障害者の物理的アクセシビリティに
　　　　関する法令　*110*
第2節　障害者アクセシビリティの実現とその手段としての
　　　　訴訟　*125*
おわりに　*142*

第5章　フィリピンにおける障害者のアクセシビリティ法制
　　　　 ………………………………………………森　壮也　*147*

はじめに　*147*
第1節　フィリピンのアクセシビリティ法　*150*
第2節　テレビ字幕放送法　*163*
おわりに　*169*

第 6 章　インドにおける障害者のアクセシビリティ問題と法
………………………………………………………………浅野宜之　*173*

　はじめに　*173*
　第 1 節　インドにおける障害者のアクセシビリティ問題　*174*
　第 2 節　立法による障害者のアクセシビリティの保障　*176*
　第 3 節　アクセシブル・インディア・キャンペーン　*188*
　おわりに　*203*

　索　引　*205*

〔略語一覧〕

ADA	Americans with Disabilities Act（障害をもつアメリカ人法）
ADB	Asian Development Bank（アジア開発銀行）
BP	Batas Pambansa（［フィリピン］国法）
BRT	Bus Rapid Transit（バス高速輸送システム）
BTS	Bangkok Mass Transit System（バンコク大規模交通システム）
CRPD	Convention on Rights of People with Disabilities（障害者権利条約）
DICT	Department of Information and Communications Technology（［フィリピン］情報・通信技術省）
DPWH	Department of Public Works and Highways（［フィリピン］公共事業道路省）
DRD	Disability Research & Capacity Development（［ベトナム］障害者人材育成センター）
ICT	Information and Communications Technology（情報通信技術）
IRR	Implementing Rules and Regulation（［フィリピン］施行規則）
LGUs	Local Governmental Units（［フィリピン］地方自治体）
LRTA	Light Rail Transit Authority（［フィリピン］軽量高架鉄道局）
MOLISA	The Ministry of Labour, Invalids and Social Affair（ベトナム労働・傷病兵・社会省）
MTRCB	Movie and Television Review and Classification Board（［フィリピン］映画・テレビ・審査・分類委員会）
NCDA	National Council on Disability Affairs（［フィリピン］全国障害者問題評議会）
NCWDP	National Council for the Welfare of Disabled Persons（［フィリピン］障害者福祉全国評議会）
NGO	Non-Governmental Organization（非政府組織）
PDAO	Persons with Disability Affairs Office（［フィリピン］障害問題事務所）
RA	Republic Act（［フィリピン］共和国法）
VFD	Vietnam Federation on Disability（ベトナム障害者連合会）

序章
障害者アクセシビリティの目的と課題

小 林 昌 之

　はじめに

　2006年12月の国連障害者権利条約の採択により[1]，障害者[2]の人権に関する国際社会のコンセンサスがまとまり，障害分野においても権利に基づくアプローチによる開発枠組みが整った。同条約は，障害者の人権および基本的自由の完全な享受ならびに障害者の完全な参加を促進することにより，社会の人的・社会的・経済的開発ならびに貧困根絶の著しい前進がもたらされることを強調している。障害者の問題は貧困削減の重要な一部であり，障害者の雇用と教育はその中核的課題であり，開発途上国においても対応に向けた法整備が進められている（小林2010）。

　障害者雇用については，合理的配慮の提供を含む差別禁止法制および積極的差別是正措置としての障害者割当雇用制度の整備が考慮されている。一方で，障害者が一般労働市場で就労するためには，その前提として十分な教育・訓練を受けることが必要となっている。教育の有無は必ずしも実際の雇用に直結しないものの，開発途上国においても一般企業に障害者雇

---

[1] 2006年12月13日に国連総会で採択，2008年5月3日に発効。
[2] 「障害」の概念や用語法は重要な論点でもあるが，本書は基本的に障害者権利条約が立脚する障害の社会モデルの視点に立ち，「障害」を個人の属性ではなく，社会の側に存在する問題であるととらえる。したがって，「障害者」の表記は社会によって不利益を被っている人という意味を含意する（杉野2007, 5-6）。

用を求める法制度が整備されつつあるなか，実際の採用にあたっては障害者の働く能力の基礎となる教育・訓練の欠如が阻害要因の1つとなっていることが判明している（小林 2012）。そのうえ障害者の雇用と教育の法整備に加え，障害者が実際にその権利を実現するためには，通勤および通学の手段ならびに情報・コミュニケーションなどへのアクセシビリティの保障が不可欠であることが指摘されている（小林 2015）。障害者権利委員会が「アクセシビリティ」を一般的意見第2号としてとりあげ，アクセシビリティは障害者が自立して社会に完全かつ平等に参加するための前提条件であることを強調していることからもその重要性がうかがわれる（CRPD 2014）[3]。このように，いずれの課題の実現にもアクセシビリティの保障が不可欠となっている。

2006年に採択された障害者権利条約は障害者の権利に関する国際規範としてこのことを認識し，締約国に障害者の物理的環境，輸送機関，情報通信ならびに公衆に開かれまたは提供されるほかの施設およびサービスへのアクセシビリティ保障を求めている。そこで，本書では，障害者のアクセシビリティに焦点を当て，障害者権利条約の諸規定を基準に，アジアの障害者が直面している施設，交通，情報，サービスなどへのアクセスの障壁ならびに解消に向けた法整備の実態を分析し，課題を明らかにすることを目的とする。条約が要求するアクセシビリティ保障のための法制度が各国においてどのように構築され，どのような課題を抱えているのか明らかにすると同時に，対象国間の比較により共通の課題の発見につとめる。対

---

3) 一般的意見第2号は，アクセシビリティと合理的配慮との関係について以下のように解説している。アクセシビリティは集団に関するものであるのに対して，合理的配慮は個人に関するものである。したがって，アクセシビリティの提供は事前の義務であり，締約国は，障害者個人からある場所やサービスを利用したいと要求される前に，アクセシビリティを提供する義務がある（CRPD 2014, para.25）。アクセシビリティ基準を適用してもアクセス確保が十分でない場合，個人に対しては合理的配慮が適用可能となる。締約国は，緊縮財政を理由に，漸進的なアクセシビリティの確保を回避することは許されない。アクセシビリティ実施の義務は無条件である。これに対して，合理的配慮の義務は，事業体に過超負担がない場合に存在する（CRPD 2014, para.25）。

象国は条約制定に地域として主導的に取り組んだ国連アジア太平洋経済社会委員会（ESCAP）に属するアジアの6カ国（韓国，中国，ベトナム，タイ，フィリピン，インド）とする。

　以下，本章では，まずアクセシビリティ確保の目的と課題について障害者権利条約の内容と日本の現況を論じ，つぎにアクセシビリティに関する先行研究を概観したうえで本書の構成として要約を紹介し，最後に若干の考察を行う。

第1節　障害者権利条約とアクセシビリティ

1-1　障害者の機会均等化に関する基準規則

　国連においては，1982年に採択された「障害者に関する世界行動計画」[4]が「機会の均等化」とは社会の全体的な体制が万人によってアクセス可能となるプロセスであると定義し，加盟国に対して物理的環境の改善などを提案している（UN 1983）。その後，1993年の国連総会決議で採択された「障害者の機会均等化に関する基準規則」[5]のなかで，政府は社会のすべての領域の機会均等化過程において，アクセシビリティの重要性を認識すべきであることが記されている[6]。規則5は，障害者の物理的環境へのアクセスのみならず，情報・コミュニケーションへのアクセス確保についても言及している。物理的環境は，住宅，建造物，公共輸送サービスなどを含み，情報・コミュニケーションはさまざまなサービスの情報，各種言語情報へのアクセス，メディア，コンピュータなどの利用を含む。これらのアクセシビリティ基準の策定，情報サービス利用の方策策定にあたっては，障害当事者の意見聴取が求められた。しかし，基準規則はアク

---

[4]　国連総会決議37/52（1982）。
[5]　国連総会決議48/96（1993）。
[6]　アジアではESCAPにより「アジア太平洋障害者の10年行動計画（1993-2002）」の物理的バリアフリー環境の整備を推進するためのガイドラインが作成されている（ESCAP 1995）。

セシビリティ確保を広範に打ち出しているものの，決議自体の効力は勧告にとどまっている。

1-2 障害者権利条約

これに対して2006年の障害者権利条約は，国際条約として締約国を拘束する。障害者権利条約は，アクセシビリティを一般原則の1つに位置づけるとともに，個別条文を設けた。第9条「アクセシビリティ」（Accessibility. 外務省公定訳：施設及びサービス等の利用の容易さ）は，障害者が自立して生活し，生活のあらゆる側面に完全に参加できるよう，他の者との平等を基礎として，都市および農村の双方において，物理的環境，輸送機関，情報通信[7]（情報通信機器および情報通信システムを含む），ならびに，公衆に開放され，または提供されるほかの施設およびサービスのアクセスを確保するための適当な措置をとることを締約国に求めている。

障害者権利条約が対象とする，アクセシビリティは，建築物，輸送機関，情報通信，サービスなどの所有者，提供者の法人格や民間・公共の別などの性質は関係なく，それらが公衆に開かれ，または提供されるかぎり，対象となる（CRPD 2014, para.13）。また，これらアクセスの不提供は，差別行為とみなされるべきとされている。

さらに，第9条は，締約国がとるべき一般的な措置に加えて，具体的な措置を明示している。まず，一般的な措置として，①建物，道路，輸送機関その他の屋内および屋外の施設（学校，住居，医療施設および職場を含む）および②情報，通信その他のサービス（電子サービスおよび緊急事態にかかわるサービスを含む）について，それらへのアクセシビリティに対する妨げおよび障壁を特定し，撤廃する措置をとることを求めている。「その他の屋外の施設」には，法執行機関，裁判所，刑務所，社会機関，社会交

---

[7]「情報通信」（information and communications）の communication（コミュニケーション）については，第2条「定義」で，「意思疎通（communication）とは，言語，文字の表示，点字，触覚を使った意思疎通，拡大文字，利用しやすいマルチメディアならびに筆記，音声，平易な言葉，朗読その他の補助的および代替的な意思疎通の形態，手段および様式（利用しやすい情報通信機器を含む）ことが記されている。

流・娯楽・文化・宗教・政治・スポーツなどの活動の場，および，商業施設が含まれる。また，「その他のサービス」には，郵便，銀行，電気通信・情報サービスが含まれる（CRPD 2014, para.17）。

つづけて，第９条は，そのほかの適当な措置として，以下の８つの具体的措置を挙げている。

(a) 公衆に開放され，または提供される施設およびサービスのアクセシビリティに関する最低基準および指針を作成，公表し，当該最低基準および指針の実施を監視すること。
(b) 公衆に開放され，または提供される施設およびサービスを提供する民間の団体が，当該施設およびサービスの障害者にとってのアクセシビリティのあらゆる側面を考慮することを確保すること。
(c) アクセシビリティに関して障害者が直面する問題についての研修を関係者に提供すること。
(d) 公衆に開放される建物その他の施設において，点字の表示および読みやすく，かつ，理解しやすい形式の表示を提供すること。
(e) 公衆に開放される建物その他の施設のアクセシビリティを促進するため，人または動物による支援（live assistance）および仲介する者（案内者，朗読者および専門の手話通訳を含む）を提供すること。
(f) 障害者が情報を利用する機会を有することを確保するため，障害者に対するほかの適当な形態の援助および支援を促進すること。
(g) 障害者が新たな情報通信機器および情報通信システム（インターネットを含む）を利用する機会を促進すること。
(h) 情報通信機器および情報通信システムを最小限の費用で利用しやすいものとするため，早い段階で，利用しやすい情報通信機器および情報通信システムの設計，開発，生産および流通を促進すること。

これにより，締約国は，障害者が物理的環境，輸送機関，情報通信ならびに公衆に開かれまたは提供されるほかの施設およびサービスにアクセスすることを保障するため，障壁撤廃，基準策定，媒介者によるサービス提供などの適切な措置をとることが求められた。第９条「アクセシビリティ」は，障害者権利条約が謳う教育，労働，政治参加などあらゆる権利の実現

にかかわり，とくに第20条「個人の移動を容易にすること」(Personal mobility)[8] および第21条「表現及び意見の自由並びに情報の利用の機会」(Freedom of expression and opinion, and access to information)[9] と関係が深い。第21条では，自らが選択する手段・形態による表現の自由，ならびに，知る権利の行使を容易にするための措置を締約国に求めている。

1-3 一般的意見第2号「第9条：アクセシビリティ」

上述のとおり，アクセシビリティについては，その重要性から2014年に障害者権利委員会が一般的意見第2号「第9条：アクセシビリティ」を発している[10]。本意見は，序，規範内容，締約国の義務，条約のほかの条文との関係の章で構成されている。一般的意見は，冒頭でまず，アクセシビリティは，障害者が自立して生活し，社会に完全かつ平等に参加するための前提条件であると明示した。そして，物理的環境，輸送機関，情報通信（情報通信機器および情報通信システムを含む），ならびに公衆に開かれまたは提供されるほかの施設およびサービスへのアクセスがなければ，障害者が，それぞれの社会に参加する平等な機会を得ることはないと強調する（CRPD 2014, para.1）。

同様に，一般的意見は，アクセシビリティは，障害者が自立して生活し，社会に完全かつ平等に参加し，ほかの者との平等を基礎として，すべての人権と基本的自由を，制限されることなく享受するための前提条件で

---

8) 第20条（外務省公定訳）
   締約国は，障害者自身ができる限り自立して移動することを容易にすることを確保するための効果的な措置をとる。この措置には，次のことによるものを含む。
   (a) 障害者自身が，自ら選択する方法で，自ら選択する時に，かつ，負担しやすい費用で移動することを容易にすること。
   (b) 障害者が質の高い移動補助具，補装具，支援機器，人又は動物による支援及び仲介する者を利用する機会を得やすくすること（これらを負担しやすい費用で利用可能なものとすることを含む。）。
   (c) 障害者及び障害者と共に行動する専門職員に対し，移動のための技能に関する研修を提供すること。
   (d) 移動補助具，補装具及び支援機器を生産する事業体に対し，障害者の移動のあらゆる側面を考慮するよう奨励すること。

あるとしている (CRPD 2014, para.14)。そして，アクセシビリティは，障害者の視点に基づいてアクセスの権利の文脈で考慮されるべきであるという。言い換えれば，アクセシビリティの確保は，障害の社会モデルが追求するべきすべてのものの基礎にあるといえる。

アクセシビリティ確保にあたって，新しく建造する場合はユニバーサルデザインなどの原則に従う義務があるのに対して，既存の物理的環境，輸送機関などの改善は漸進的に実施することが認められている。しかし，不作為が認められているのではなく，締約国は，完全なアクセシビリティを達成することを目的として，既存の障壁の撤廃に向けて，明確な期限を設定し，適切な資源を割り当てなければならないとされる（CRPD 2014, para.24）。また，当局と事業体の義務を明確に規定し，効果的な監視の仕組みとアクセシビリティ基準を遵守しない者に対する制裁の整備が求められている（CRPD 2014, para.24）。

さて，障害者権利委員会は，各国との建設的対話をとおして発見した，アクセシビリティの共通課題を2つ挙げている（CRPD 2014, para.10）。1つは，アクセシビリティ基準や関連法規の実際の実施を確保するための適

---

9) 第21条（外務省公定訳）
　締約国は，障害者が，第二条に定めるあらゆる形態の意思疎通であって自ら選択するものにより，表現及び意見の自由（他の者との平等を基礎として情報及び考えを求め，受け，及び伝える自由を含む。）についての権利を行使することができることを確保するための全ての適当な措置をとる。この措置には，次のことによるものを含む。
　(a) 障害者に対し，様々な種類の障害に相応した利用しやすい様式及び機器により，適時に，かつ，追加の費用を伴わず，一般公衆向けの情報を提供すること。
　(b) 公的な活動において，手話，点字，補助的及び代替的な意思疎通並びに障害者が自ら選択する他の全ての利用しやすい意思疎通の手段，形態及び様式を用いることを受け入れ，及び容易にすること。
　(c) 一般公衆に対してサービス（インターネットによるものを含む。）を提供する民間の団体が情報及びサービスを障害者にとって利用しやすい又は使用可能な様式で提供するよう要請すること。
　(d) マスメディア（インターネットを通じて情報を提供する者を含む。）がそのサービスを障害者にとって利用しやすいものとするよう奨励すること。
　(e) 手話の使用を認め，及び促進すること。
10) 和訳は日本障害者リハビリテーション協会仮訳参照(http://www.dinf.ne.jp/doc/japanese/rights/rightafter/crpd_gc2_2014_article9.html　2018年4月27日最終アクセス）。

切なモニタリングの仕組みを欠いていることである。もう1つは，関係者への研修不足とアクセシビリティ確保のプロセスに障害当事者が十分に関与していないことである。各章の分析においても，障害者権利委員会が指摘するこのモニタリングと障害者の関与の問題が議論の焦点の1つとなっている。

1-4 アクセシビリティに対する日本の対応

日本は，障害者権利条約が採択された2006年に，従来，建築物と交通の2つに分かれていた法律を統合拡充し，「高齢者，障害者等の移動の円滑化の促進に関する法律」（バリアフリー新法）を制定した[11]。それまでは，1994年に制定された，不特定多数の人および高齢者や身体障害者が利用する建築物のバリアフリー化を定めた「高齢者，身体障害者等が円滑に利用できる特定建築物の建築の促進に関する法律」（ハートビル法）と駅・鉄道車両・バスなどの公共交通機関と旅客施設の周辺のバリアフリー化を定める2000年の「高齢者，身体障害者等の公共交通機関を利用した移動の円滑化の促進に関する法律」（交通バリアフリー法）の二本立てとなっていたため，連続的なバリアフリー化がはかられない，あるいは，バリアフリー化が旅客施設を中心としたエリアにとどまっているという問題が指摘されていた（バリアフリー新法研究会2007, 4）。

バリアフリー新法では，その正式名称が示しているとおり，対象となる障害者が従来の「身体障害者」から知的障害者，身体障害者，発達障害者を含むすべての「障害者」へと拡大している。また，バリアフリー化の対象は，従来の建築物，駅，鉄道車両，バスなどから路外駐車場，都市公園，施設間の経路，タクシーも加えられるなど生活空間の拡大が試みられている。さらに，市町村が基本構想を策定する場合は，高齢者や障害者などの当事者が，特定事業の実施主体予定者とともに計画段階から協議に参加できるよう協議会制度が法定化された（バリアフリー新法研究会2007, 6-7）。

---

11) 平成18年法律第91号。

他方，情報アクセシビリティ保障については，放送法[12]がテレビ局などの放送事業者に，視覚障害者に対する解説放送，聴覚障害者に対する字幕放送の付与をできる限り多く設けるようにしなければならないと規定するにとどまっている。これに基づき「視聴覚障害者向け放送普及行政の指針」が策定され，普及目標が示されるとともに，放送事業者の自主的な取り組みを促すために「身体障害者の利便の増進に資する通信・放送身体障害者利用円滑化事業の推進に関する法律」[13]が制定された。解説と字幕の付与の制作費に助成金が公布され，その対象は手話や CM 字幕の付与などの整備に拡大されてきている。これらに対して障害当事者からは，目標達成は当然のこと，災害時や生放送への字幕等の付与の強化，24 時間化，地域格差の解消などが求められている。

第 2 節　アクセシビリティに関する先行研究

　先行研究としては，高嶺（2008）「障害と開発―インフラ事業におけるアクセシビリティの国際的動向―」が国際動向の概要を紹介し，開発途上国でのインフラ事業における障害者支援の重要性を説いている。開発過程における障害者のアクセシビリティの位置づけは参考となるものの，物理的環境の論述が中心であり，個別国については論じていない。個別国をとりあげたものとしては，日本福祉のまちづくり学会の学会誌『福祉のまちづくり研究』（Vol.12 No.1・2 合併号, 2010）の特集「アジアのバリアフリー／ユニバーサルデザイン環境」が，各論においてアジア 9 カ国・地域のバリアフリー事情および関連法制度を概説している。これをもとに，佐藤（2016）は，アジア諸国のバリアフリー関連法，技術基準・規格などについて，それら相互の制定根拠としての関係性，取り込み方や参考などの関係性について詳細な分析を行っており，建築物を対象とするバリアフ

---

12)　昭和 25 年法律第 132 号。
13)　平成 5 年法律第 54 号。

リー環境整備に関する法律に限定されているものの、どのような順を追って法整備がなされていくのか、アジア諸国の法制度の発展を理解するうえでとても示唆的である。本書においては、関連法制の情報を更新することのみならず、障害当事者からの視点を加え、関連法制の成立および履行過程における問題点を追究する。上野（2014）「ベトナム社会におけるバリアフリー―東アジア三都市の公共交通機関のバリアフリー化と比較して―」は、ベトナムのバリアフリーを障害当事者、事業者、政府の三者とこの関係に影響力を有する市民を視座に分析を行った博士論文である。障害当事者の視点から実際のアクセシビリティの課題を浮かび上がらせているが、公共交通機関が中心となっている。本書ではこれをさらに障害者権利条約が定めている施設や情報・コミュニケーションのバリアフリー化に対象を広げ検討する。

公衆に開かれたサービス、情報アクセシビリティに関しては、アジア経済研究所図書館が『アジ研ワールド・トレンド』（2015.4）において「図書館と障害者サービス―情報アクセシビリティの向上―」の特集を組んでいる。2013年に世界知的所有権機関（WIPO）が「盲人、視覚障害者及び通常の印刷物では読めない障害のある人々による出版物へのアクセスを促進するためのマラケシュ条約」[14] を採択したことを契機に、障害者の書籍へのアクセスや図書館サービスに対する関心が高まっており、特集では開発途上国の取り組みが紹介されている。

日本では、1994年の「ハートビル法」、2000年の「交通バリアフリー法」ならびにそれらを統合した2006年の「バリアフリー新法」に関連して、建築物や公共交通のバリアフリー化に関心が寄せられ、概説書や技術書が多数発行されている（たとえば、バリアフリー新法研究会（2007））。しかし、開発途上国における障害者のアクセシビリティに関する論文は稀少である。アジア諸国において、建物のバリアフリー化については建築基準を定める法令が[15]、また情報通信については技術基準などが制定されつつ

---

14) 著作権の例外を容認することで、障害者がアクセス可能な方式で作品を作成し直すことを認めている。

あることは部分的に判明しているものの[16]，障害者のアクセシビリティ保障にかかわる法制度の現状は十分に明らかになっておらず，その実態解明が必要となっている。

第3節　本書の構成

　障害者権利条約では，障害者のアクセシビリティの必要性が認識され，締約国に障害者の物理的環境，輸送機関，情報通信ならびに公衆に開かれまたは提供されるほかの施設およびサービスへのアクセス保障を求めた。本書では国別に障害者権利条約の諸規定を基準に，障害者が直面している施設，交通，情報，サービスなどへのアクセスの障壁ならびに解消に向けた法整備の実態を分析し，課題を論じている。

　本書で検討した韓国，中国，ベトナム，タイ，フィリピン，インドの6カ国はいずれも障害者権利条約を批准し，国内法として包括的な障害者法を整備している（表序-1）。対象国が属するESCAPも「第3次アジア太平洋障害者の10年（2013～2022年）」の行動計画として「インチョン戦略」を採択し，その目標の1つに「物理的環境，公共交通機関，知識，情報及びコミュニケーションへのアクセスを高めること」を掲げた（ESCAP 2012）。しかしながら，施設や交通のみならず，障害者権利条約が定める，

---

15) 国際的な標準に関しては，国際標準化機構（ISO），国際電気標準会議（IEC）および国際電気通信連合（ITU）がアクセシビリティについて協力している。アクセシビリティ標準を策定するにあたってのガイドラインも策定されており（ISO/IEC Guide 71:2014），これに基づいて各分野の標準が作成されることになっている。なお，建築物については2011年に「建築—建造物環境のアクセシビリティとユーザビリティ—」（ISO21542:2011）が出されている。
16) 情報通信技術（ICT）については，たとえば，2012年に採択された国際電気通信規則は，これまでの国際電気通信連合（ITU）の関連する勧告をふまえ，障害者の国際電気通信サービスへのアクセスの権利を打ち出している。また，ワールド・ワイド・ウェブ・コンソーシアム（W3C）は，ウェブコンテンツをアクセシブルにするため，2008年にWeb Content Accessibility Guidelines 2.0 (WCAG2.0) の採用を勧告し，そのための解説書や実装例集を出している。

表序-1 アジア地域の条約締結状況とアクセシビリティ関連法

国名	CRPD[1]	制定年	障害者立法	制定年	アクセシビリティ関連法
日本	◎	1970年 2013年	障害者基本法（2011年改正）[2] 障害者差別解消法	2006年 1993年	バリアフリー新法 通信・放送身体障害者利用円滑化事業推進法
韓国	◎	1989年 2007年	障害者福祉法（1999年改正） 障害者差別禁止・権利救済法	1997年 2005年	障害者・高齢者・妊婦等便宜増進保障法 交通弱者の移動便宜増進法
北朝鮮	◎	2003年	障害者保護法		
モンゴル	◎	2016年	障害者権利法	2004年	障害者建築計画規範
中国	◎	1990年	障害者保障法（2008年改正）	2012年	バリアフリー環境建設条例
香港	—[3]	1995年	障害差別条例（Cap.487）	1995年	建築物条例（Cap.123）
マカオ	—[3]	1999年	障害予防と障害者のリハビリ・社会包摂制度・政令		
台湾	—[4]	2007年	身心障礙者権益保障法（2011, 2015年改正）		
ベトナム	◎	2010年	障害者法	2012年	障害者法実施の細目指針議定
カンボジア	◎	2009年	障害者の権利保護・促進法		
ラオス	◎	2014年	障害者に関する政令		
タイ	◎	2007年	障害者の生活の質の向上と発展に関する法律（2013年改正）	2005年 2012年 2013年	障害者・身体的弱者・高齢者のための建物内における設備を定める省令 障害者アクセスの建物・場所・その他サービス提供・性質を定める省令 障害者アクセスの建物・場所・車両・交通サービス提供・性質を定める省令
フィリピン	◎	1992年	障害者のマグナカルタ[5]（2007, 2010, 2013, 2016年改正）	1983年 2016年	アクセシビリティ法 テレビ字幕放送法
マレーシア	◎	2008年	障害者法	2014年	建造環境のユニバーサルデザイン・アクセシビリティ実務指針
シンガポール	◎			2013年	建造環境アクセシビリティ規則
インドネシア	◎	2016年	障害者法	2006年	建築物アクセシビリティ及び環境に関する省令
ブルネイ					
東ティモール					
ミャンマー	◎	2015年	障害者の権利法		
バングラデシュ	◎	2013年	障害者の権利・保護法		
インド	◎	2016年	障害者の権利法		
ネパール	◎	2017年	障害者人権法		
ブータン	○				
スリランカ	◎	1996年	障害者権利保護法（2003年改正）	2006年	障害者（アクセシビリティ）規則
パキスタン	◎	1981年	障害者（雇用・リハビリテーション）令	2006年	アクセシビリティ規則
モルディブ	◎	2010年	障害法		

（出所）筆者作成。
（注）1) CRPD は「障害者権利条約」。◎は批准等，○は署名を示す（2018年3月31日現在）。
　　　2) 重要な改正年のみ表記。以下，同じ。
　　　3) 中国の障害者権利条約批准は，香港，マカオへも適用される。
　　　4) 台湾は2014年に身心障礙者権利公約施行法を制定。
　　　5) 正式名称は，共和国法第7277号「障害者のリハビリテーション・自己開発・自立並びに社会の主流への統合及びその他の目的を定める法律」。

情報・サービスに対するアクセシビリティの保障が必要なことは認識されているものの，物理的なバリアフリー化と比べて情報のバリアフリー化に関する規定の整備は発展途上にある。アジア各国でも法整備が進むにつれて，アクセシビリティの権利の実現過程で矛盾が生じ始め，それが裁判紛争の形で現れている。たとえば，中国，タイ，インドを論じる章では，通常裁判所に加え，行政裁判所，最高裁判所にまであがった訴訟事例を詳述している。また，ベトナムを論じる章では，執筆者が現地で直接バリアフリーチェックを行い，現行法制と現実のアクセシビリティとの乖離を論じ，形式的バリアフリーに陥っていることを紹介している。法律や現場の整備が形式に陥らないためには，障害者権利条約の基本精神ともなっている障害当事者の参加が不可欠であり，韓国とインドの章では，障害当事者も参加する認証制度およびアクセシビリティ監査の重要性が論じられている。以下，各章の要約を紹介する。

　第1章「韓国のアクセシビリティと法制度」は，建物や交通機関，情報アクセシビリティ確保のための法制度，特殊言語として手話を規定した韓国手話言語法，および差別禁止と正当な便宜（合理的配慮）を定めた「障害者差別禁止及び権利救済に関する法律」の運用と課題を柱に論じる。そして，韓国は，トリプルトラックアプローチともいえる方法で，障害者のアクセシビリティを確保しようとしているとする。すなわち，各種法律を根拠とした福祉サービスの提供や基準策定・目標値設定などの行政計画立案による制度，法律の基準を利用し，権利ある機関による認証を付与することで事業者にインセンティブを与え誘導する制度，ならびに障害者差別禁止法に基づく権利保障型制度の3種の制度で構成されると指摘する。アクセシビリティは向上しているものの，課題として，認証の基準となる交通弱者法や障害者等の便宜法で定められた基準が，すでに，進歩する現在の技術やニーズの水準に達していないことが挙げられる。

　第2章「中国におけるバリアフリー環境建設─アクセシビリティ法制の課題─」は，中国のアクセシビリティ法制の立法および実施上の課題，ならびに，障害当事者と障害者権利委員会による現状評価について考察する。障害者保障法とバリアフリー環境建設条例は，障害者などの社会構成

員が主体的に，道路，建築物，公共交通機関を利用し，情報やコミュニティ・サービスの獲得を推進することを目的に定められた。これらは障害者権利条約が謳うアクセシビリティ保障の枠組みをカバーするものの，中国ではアクセシビリティは権利としては打ち出されていない。バリアフリー化は進展してきているものの，問題の1つは，実施されているバリアフリー環境建設は，建設実績に主眼がおかれ，本来，障害者に便宜を提供すべきバリアフリー施設などは，障害者の視点を欠き，その結果，障害者が使用できない「バリアフリー」施設やサービスになっていることがあることである。

　第3章「バリアフリー化の三角形からみるベトナムのアクセシビリティ」は，ベトナムにおけるバリアフリー化の三角形の三者の関係と社会の動きに着目し，ベトナムのバリアフリー化の経緯が先進国と異なったことにより，バリアフリー化にもたらした影響とその課題を明らかにする。バリアフリー化の法制には障害者，事業者，政府という直接のアクターが存在し，社会が傍観者から影響力ある観客となったときにバリアフリー化が実現する。しかし，ベトナムの場合は，障害者と事業者との対立構造が成立せず，社会の関与が低いまま，政府の主導による法制化が進められてきた。その結果，バリアフリーのハードウェアを有していながら，実用性を伴わないバリアフリー化，すなわち「形式的バリアフリー」の問題が生じている。障害者の不関与だけでなく，社会の不関与は，事業者の「形式的バリアフリー」の提供を助長し，真のアクセシビリティ向上を阻害する要因となっている。

　第4章「タイにおける障害者アクセシビリティの法的保障と実現における問題」は，交通に代表される物理的アクセシビリティに焦点を当て，タイにおける障害者アクセシビリティに関する法制度の歴史的変遷と現状を検討する。また，この関連で，障害者が提起した高架鉄道に関する行政訴訟と民事訴訟をとりあげ，その法的問題および最高行政裁判所の判決などを検討する。2007年憲法および2007年障害者エンパワーメント法の起草では，障害当事者の積極的関与があり，その結果，「アクセス」や「利益を得る」などの文言が追加され，従前にはなかった，懲罰的損害賠償制度

や割当雇用制度義務違反者の公表制度などの新たな成果を得ることができた。しかし，2017年憲法では，障害者アクセシビリティに関する権利を保障する条項が削除されたため，今後の障害者行政および立法に影響があることが予想される。

第5章「フィリピンにおける障害者のアクセシビリティ法制」は，障害アクセシビリティ法制の発展は，アクセシビリティ概念の発展と大きくかかわるとして，アクセシビリティ法とテレビ字幕放送法の2つの法律の分析をとおして，障害者アクセシビリティの現在および今後の課題について論じる。フィリピンのアクセシビリティ法の成立はアジアのなかでは早く1983年には制定されていたが，障害者権利条約の批准にともない新しいアクセシビリティ法を制定する動きがある。また，これまで法の対象は主として物理的アクセシビリティにあったが，情報アクセシビリティに関連して，比較的短時間で，テレビ字幕放送法が2016年に成立している。通常こうした法律の制定には時間がかかるものであるが，フィリピンにおいては，従来とは異なるモチベーションが働いていることが推察される。さらに，政府の障害問題調整機関である全国障害者問題評議会（NCDA）が積極的に調整を進めていることが，理解を深め，その進展を早めることに寄与している。

第6章「インドにおける障害者のアクセシビリティ問題と法」は，2016年に制定された「障害者の権利法」の制定の過程における議論の推移，草案の段階で提出された条項の変遷などを検討する。また，障害者のアクセシビリティ向上のための政策として，政権主導で進められているアクセシブル・インディア・キャンペーンを概観し，これに関連する判例として最高裁判所まで争われたラジブ・ラトリ判決をとりあげて考察する。アクセシブル・インディア・キャンペーンは，大都市における政府機関の建築物のアクセシビリティ監査を求めており，障害者関連の民間団体などが監査機関となっている。これら連邦および州政府の建築物における障害者のアクセシビリティ確保を求めた公益訴訟が，ラジブ・ラトリ判決である。判決では，連邦政府および州政府に対して，具体的に改善すべき対象と期日を定めた11項目の指令が発せられた。このように障害者アクセシビリ

ティの改善については，裁判所も注視し，政策の実施と司法による監視はつながっていることがわかる。

おわりに

　本書は，障害者のアクセシビリティに焦点を当て，障害者権利条約の諸規定を基準に，アジアの障害者が直面している施設，交通，情報，サービスなどへのアクセスの障壁ならびに解消に向けた法整備の実態を分析し，課題を明らかにすることを目的とした。

　検討した対象国は，施設や交通のみならず，障害者権利条約が定める，情報・サービスに対するアクセシビリティの保障が必要なことを認識している。いずれの国もそれに対応して何らかの立法を行っていることが確認されており，アクセシビリティに関する法制度は，包括的な障害者法，個別のアクセシビリティ法，政令や省令，基準や標準などから構成されている。各国の法規は，施設，交通，情報のアクセシビリティを包含しているものの，その範囲，具体性，拘束力などは異なっている。とくに，従来は，物理的環境のみに焦点が当てられてきたため，情報のアクセシビリティに関する規定は，抽象的であったり，整備が進行中の状況にある。また，施設や交通のバリアフリー化は，漸進的な発展が認められているものの，期限を定めた立法や目標を定めた開発戦略を策定した国がある一方，漸進的に発展させると緩やかに規定するにとどまる国もある。

　アクセシビリティに関する共通の課題は，立法や基準などの策定過程ならびに実施モニタリングにおいて障害当事者の参画が不十分なことである。障害当事者の働きかけが大きかったため，憲法や法律に当事者の意見が反映されたという例がある一方，障害当事者の不関与は，負の影響をもたらすこともあることが明らかになった。不関与の結果，立法内容などがアクセシビリティの保障ではなく，管理を重視していたり，バリアフリー施設として整備されても実際には利用できない「形式的バリアフリー」にとどまっていることがある。また，専門家の議論のなかでも「アクセシビ

リティ」は多様な意味をもち，障害者は不可視化されやすい状況にあることも判明した。「すべての人たちにとって」は，往々にして，女性と子供を包摂することを目的とし，障害者は周辺に追いやられることがある。バリアフリー化，アクセシビリティ，ユニバーサルデザインなどは，当然，障害者を含む，社会全体へ裨益するものであるものの，社会全体への効用が強調されることによって，かえって障害者が不可視化されるおそれを抱えている。アクセシビリティは，障害者が主体的に社会参加するための前提であり，その視点に立って，法律や社会インフラの整備を行っていくことが重要となる。そのためにも，立法・計画から実施・モニタリングに至るまでのあらゆる段階で，障害当事者の参画が不可欠となっているといえよう。

　本書では，障害者権利条約第9条が規定する施設，交通，情報，サービスなどへのアクセシビリティを中心に論じた。しかし，アクセシビリティは，移動の自由，情報の保障にとどまらず，障害者が自立して社会に完全かつ平等に参加するための前提条件であり，障害者のほかの諸権利の確保と密接にかかわる。アクセシビリティの不存在は，むしろほかの諸権利の確立を阻害しかねない。そこで，開発途上国の障害者の重要課題である雇用と教育の法整備に加え，それらの権利実現のために，今回検討したアクセシビリティ法制の整備がどのような影響を及ぼしているのかなども明らかにしていく必要があり，今後の研究課題として進めていきたい。

〔参考文献〕

〈日本語文献〉

アジア経済研究所図書館 2015.「（特集）図書館と障害者サービス──情報アクセシビリティの向上」『アジ研ワールド・トレンド』(234) 4月: 1-42.

上野俊行 2014.「ベトナム社会におけるバリアフリー──東アジア三都市の公共交通機関のバリアフリー化と比較して」博士学術論文　東京大学（https://repository.dl.itc.u-tokyo.ac.jp/?action=repository_uri&item_id=6530&file_id=14&file_no=1 2018年12月6日最終アクセス）.

小林昌之編 2010.『アジア諸国の障害者法──法的権利の確立と課題』日本貿易振興機

構アジア経済研究所.
――― 2012.『アジアの障害者雇用法制――差別禁止と雇用促進』日本貿易振興機構アジア経済研究所.
――― 2015.『アジアの障害者教育法制――インクルーシブ教育実現の課題』日本貿易振興機構アジア経済研究所.
佐藤克志 2016.「アジア諸国の建築物バリアフリー環境整備に関する法制度体系」『福祉のまちづくり研究』18(2): 11-22.
杉野昭博 2007.『障害学――理論形成と射程』東京大学出版会.
高嶺豊 2008.「障害と開発――インフラ事業におけるアクセシビリティの国際的動向」『人間科学』21: 79-115.
日本福祉のまちづくり学会 2010.「(特集) アジアのバリアフリー／ユニバーサルデザイン環境」『福祉のまちづくり研究』12(1・2): 1-32.
バリアフリー新法研究会 2007.『Q＆A バリアフリー新法――高齢者，障害者等の円滑化の促進に関する法律の解説』ぎょうせい.

〈英語文献〉
CRPD (Committee on the Rights of Persons with Disabilities) 2014. "General Comment No.2 (2014) Article 9: Accessibility," CRPD/C/GC/2, Committee on the Rights of Persons with Disabilities, Eleventh Session, 31 March-11 April 2014.
ESCAP (Economic and Social Commission for Asia and the Pacific) 1995. "Promotion of Non-Handicapping Physical Environments for Disabled Persons: Guidelines," ST/ESCAP/1492, New York: UN (http://www.dinf.ne.jp/doc/english/intl/z15/z15009gl/z1500901.html 2018年4月27日最終アクセス).
UN (United Nations) 1983. *World Programme of Action Concerning Disabled Persons*, New York: UN.
――― 2012. *Incheon Strategy to "Make the Right Real" for Persons with Disabilities in Asia and the Pacific*, ST/ESCAP/2648, Bangkok: UN (http://www.unescap.org/sites/default/files/Incheon%20Strategy%20%28English%29.pdf 2018年4月27日最終アクセス).

第 1 章
韓国のアクセシビリティと法制度

崔　栄　繁

はじめに

　韓国の障害者が利用可能な建物や交通機関，情報についてのアクセシビリティ（accessibility）[1]を促進する政策は 1981 年の「心身障害者福祉法」（심신장애자복지법）の制定がその出発点である（ペユンホ 2017, 28）。1988年のソウルオリンピック・パラリンピックの開催を契機にソウルを中心にバリアフリー施設などの整備が行われたが，ごく限られたものであった。1990 年代に入って民主化が進み，アクセシビリティの保障のための障害者運動が活発化したことなども背景となり，1997 年に交通や建物，情報のアクセシビリティの推進に関する「障害者・高齢者・妊婦等の便宜増進の保障に関する法律」（장애인・노인・임산부등의 편의증진보장에 관한 법률．以下，「障害者等の便宜法」）[2]が制定され本格的なバリアフリー施設等

---

[1]　アクセシビリティ（accessibility）を，日本政府は障害者権利条約の公定訳で「利用の容易さ」と訳しており，韓国政府の公定訳では「접근성」（接近性）としている。「利用のしやすさ」，「便利であること」などと訳されており，人が建物や交通機関，情報機器・サービスを円滑に利用できることの意である。それらを包括する意味で，本章では便宜上，アクセシビリティという言葉を使う。

[2]　直訳すると「障碍人・老人・妊産婦等の便宜増進の保障に関する法律」となる。韓国では「障害者」を「障碍人」と表記するが，本章では日本の法律上使用されている「障害者」を訳に充てる。また，老人は高齢者，妊産婦は妊婦とした（本章の韓国語の日本語訳は崔）。

の整備がはじまった。2000年以降は障害者運動が大きな盛り上がりをみせ，2005年の「交通弱者の移動便宜増進法」(교통약자의 이동편의증진법．以下，「交通弱者法」)や2007年の「障害者差別禁止及び権利救済に関する法律」(장애인차별금지 및 권리구제등에 관한 버율．以下，「障害者差別禁止法」)[3]の制定など，建物や交通機関だけでなく情報アクセシビリティも含めて法制度の整備が進んだ（ペユンホ 2017, 29-35）。また注目すべき制度として，公信力のある認証機関がバリアフリーの状況を評価し，バリアフリーの認証を与える「障害物のない生活環境（barrier free）認証制度」(장애물 없는 생활환경 인증 제도．以下，「バリアフリー認証制度」)が2008年から試験事業で導入された。2009年には交通弱者法が，2015年には障害者等の便宜法が改正され，バリアフリー認証制度の法制化が完了し，制度が本格的に運用されている。日本では行われていない制度であり，詳細は後述する。さらに，2017年に文在寅（문재인）氏が大統領に選出されたことによる進展もみられる。文政権は同年7月，100大国政課題（100대 국정과제）を発表し，設定課題の42において「障害者の所得及び医療支援を通じた自立生活の向上」を掲げ，それに関連する大統領選挙公約においてユニバーサルデザイン環境の醸成を打ち出した（韓国障害者開発院 2017, 93）。ユニバーサルデザインに関する取り組みが政府を挙げて始まっている。

現在の韓国のアクセシビリティに関する施策は，「障害者福祉法」[4]や障害者等の便宜法と交通弱者法等を根拠とし，福祉サービスの提供や行政計画の立案や基準策定，目標値設定などの行政による推進制度と，特定の機関により認証を与えインセンティブによって事業者などが自主的にアクセシビリティの確保をめざすように誘導する制度，そして障害者差別禁止法に基づく権利保障型制度の3種類の制度，いわば，トリプルトラックアプローチで進めているともいえる。それに加えて，韓国手話言語法（한국수

---

3) 詳細は崔（2010）を参照。施行10年がたち大きな改正の動きも出てきている（国家人権委員会 2017）。
4) 心身障害者福祉法が1989年に改正され，現行の「障害者福祉法」となった。障害者福祉サービス全般を規定する法律である。

화언어법．以下，「韓国手語法」）等の制定により言語政策からもアクセシビリティを補完している。そこで本章では，第1節で韓国の障害者全般の現況を紹介し，第2節で，建物や交通機関，情報アクセシビリティの確保のために行う行政計画などを定めた施策推進に関する法制度と課題を述べる。そして第3節で，個別分野の具体的な場面において，障害を理由とする差別を禁止し，正当な便宜（정당한 편의［合理的配慮］）の提供を義務づける権利法としてアクセシビリティを確保する障害者差別禁止法[5]の運用と課題を整理し，第4節で特殊言語として韓国手語をろう者の公用語と定めた韓国手語法の運用と課題を検討する。そして，全体のまとめとして最後に課題等を整理する。なお，本章では，手話通訳者派遣などの福祉サービスや交通弱者法の基準の詳細な内容には立ち入らない。

第1節　韓国の障害者の現況と法制度

　韓国では障害を15の種別に分け，障害の程度により重い障害から順に1級から6級まで区分する，日本に類似した障害者登録制度がある。これは障害者福祉法に依拠した制度であり，障害者として登録をすることで各種福祉サービスを受給することができるようになる。障害者福祉法上の障害者の定義は「"障害者"とは身体的・精神的障害で長年日常生活や社会生活において相当な制約を受ける者」（障害者福祉法2条）とされ，障害者の種別（障害者福祉法施行令2条，同施行規則2条）は，肢体，視覚，聴覚，言語，知的，脳病変，自閉性（自閉症），精神，腎臓，心臓，呼吸器，肝（臓），顔面，腸ろう・尿ろう（オストミー），てんかんの15種別である。

　2014年末の登録障害者数は249万4660名であり（うち女性障害者は104万5582名），韓国の総人口約5000万人に対する登録障害者の比率は約5.1％となっている。一方，韓国政府は障害者福祉法第31条等の規定に基づ

---

[5]　詳細は崔（2010），日本語訳は崔（2011）。

いて3年ごとに行っている実態調査により、登録をしていない障害者も含めた障害者数の推定値を出しているが、2013年末現在で272万6910名の障害者がおり、うち116万2570名が女性であるとしている。この数値で

表1-1　韓国の登録障害者数

(単位：千名)

	2007	2008	2009	2010	2011	2012	2013	2014	2015
計	2,105	2,247	2,430	2,514	2,520	2,511	2,501	2,494	2,490
肢体障害	1,114	1,191	1,293	1,334	1,333	1,322	1,309	1,296	1,281
視覚障害	217	228	241	249	251	252	253	253	253
聴覚・言語	218	239	262	277	279	276	273	271	269
知的障害	143	147	155	161	167	173	179	184	190
脳病変障害	215	232	252	262	261	258	253	251	251
自閉性障害	12	13	14	15	16	17	18	20	21
精神障害	82	87	95	96	95	95	96	97	99
腎臓障害	48	50	54	57	60	63	67	70	74
心臓障害	14	15	15	13	10	8	7	6	6
呼吸器障害	14	15	16	16	15	14	13	12	12
肝障害	6	7	8	8	8	9	9	10	10
顔面障害	2	2	3	3	3	3	3	3	3
腸ろう・尿ろう（オストミー）	11	12	12	13	13	13	14	14	14
てんかん	9	9	10	10	9	8	7	7	7

（出所）保健福祉省ウェブサイト（市，道 障害者登録現況資料。http://www.index.go.kr/potal/main/EachDtlPageDetail.do?idx_cd=2768　2018年2月20日最終アクセス）。

は障害者は総人口に対して5.59％の比率となる。ちなみに日本の総人口に対する障害者手帳をもつ人の割合は6.7％とされている（内閣府2016, 192）。登録障害者の種別，年度別の推移については，近年，登録者は微減傾向にある（**表1-1**）。

第2節　アクセシビリティ確保のための施策を推進するための法制度

2-1　概要

　施策推進の法制度には，建物の利用や情報へのアクセシビリティについて，バリアフリー施設の基準などを定めている「障害者等の便宜法」，公共交通機関や歩道におけるアクセシビリティについての計画の立案などを定める「交通弱者法」などがある。これらは具体的にバリアフリーの基準を定めている。たとえば低床バスの導入目標や，それに対する補助金の制度を定めて，障害者などが利用可能な建物や交通機関への転換を促す施策を推進するためのものである。また，これら両法を根拠としてバリアフリー認証制度が全国規模で実施されている。本節では両法の内容とバリアフリー認証制度について述べる。

2-2　障害者・高齢者・妊婦等の便宜増進の保障に関する法律（障害者等の便宜法）

(1)　**制定過程**

　障害者等の便宜法[6]は1997年に制定され，その後何度かの改正を経て現在に至る。章はなく本則29カ条と附則1条からなり，所管省庁は保健福祉省[7]である。同法は，公園，公共の建物や公衆が利用する施設，共同住宅，通信施設や，その他障害者等の便宜のためにバリアフリー施設の設

---

6) 略称は韓国政府機関である法制処の国家法律情報センターのウェブサイトを参照（http://www.law.go.kr/lsInfoP.do?lsiSeq=125557#0000　2018年2月20日最終アクセス）。

置が必要な建物・施設およびその付帯施設において（7条），障害者や高齢者などが障害のない人等と同等に施設等を利用できるようにバリアフリー化を行い，あるいは情報を保障するための基準を定めるものである。当初は交通機関，道路，旅客施設も対象に含まれていたが，これらは2005年に制定された交通弱者法に移管された。

　同法の制定の経過は以下のとおりである（ペユンホ 2017, 29-35)[8]。1994年，保健福祉省により「障害者便宜施設及び設備の設置基準に関する規則」[9]が制定された。これは大きな意味をもつものではあったが法的拘束力がなく実効性に欠けていたため，より強い法的拘束力がある法律の制定への要求が高まった。障害者団体によるアクセシビリティの保障を求める運動が活発になってきたのである。1996年11月，当時の野党であった「新しい政治国民会議」が公聴会などをとおして「障害者・高齢者・妊婦

写真 1-1　地下鉄の車いすユーザースペース（筆者撮影）

---

7) 보건복지부。直訳すると「保健福祉部」であり韓国では政府機関の ministry を「部」とするが，本章では日本語の「省」を訳語に充てる。
8) 障害者等の便宜法と交通弱者法の制定の背景等については，2016年11月21日の（社団法人）障害物のない生活環境市民連帯事務所における事務総長（当時）のペユンホ（배응호）氏への筆者によるインタビューと同氏が作成した研修資料（ペユンホ 2009）を参考にしている。

24

等の移動弱者の自由な社会的移動・アクセスと，社会的な情報へのアクセスを保障するためのアクセス保障基本法案」を提出し，当時与党の新韓国党が同年12月に「障害者及び老弱者の便宜増進に関する法律案」を国会に提出した。その後調整等を経て，翌年の1997年3月17日に現行の法律名である障害者等の便宜法として国会で採択され，翌年4月11日より施行された。法や施行規則は幾度か改正が重ねられ，とくに2015年に大きな改正が行われ，現在に至っている。

(2) **主な内容**

まず，本法の目的として「この法は，障害者・高齢者・妊婦等が生活を営むことにおいて，安全で便利に施設や設備を利用し，情報にアクセスするように保障することにより，これらの社会活動の参画と福祉増進に寄与することを目的とする」と規定されている（1条）。第2条は用語の定義がなされている。「障害者等」とは，障害者や高齢者，妊婦など生活するうえで移動や施設の利用，情報へのアクセスに不便を感じているもの，としている。また「バリアフリー施設」について，障害者等が生活を営むうえで移動と施設利用の便利を図り，情報へのアクセスを容易にするための施設や設備，としている。バリアフリー施設設置の基本原則として「施設主は障害者等が公共の建物及び公衆が利用する施設を利用することにおいて，可能なかぎり最短距離で移動できるようにバリアフリー施設を設置しなければならない」（3条）としている。「アクセシビリティ」として「障害者等は人間としての尊厳と価値及び幸福を追求する権利を保障されるために障害者等ではない人たちが利用する施設と設備を同等に利用し，情報に自由にアクセスすることができる権利を有する」（4条）という権利規定を行っている。対象施設については上述したとおりであり第7条に規定

---

9) 同規則の制定は1993年12月20日であり，国連総会において採択された「障害者の機会均等化に関する標準規則」（"Standard Rules on the Equalization of Opportunities for Persons with Disabilities" 国連総会決議48／96により採択）にどの程度影響を受けたのかを解明するのは今後の課題の1つである。ちなみに日本では1994年に「高齢者，身体障害者等が円滑に利用できる特定建築物の建築の促進に関する法律」（ハートビル法）が施行されている。

がなされ、第8条ではバリアフリー施設の設置基準について施行令で定めるとし、計4つの別表によって具体的に規定されている。また、バリアフリー施設の構造や材質については保健福祉省令で定めるとの規定がされている。その他、バリアフリー施設に対する指導、監督および設置計画の立案（10〜12条）、設置支援（13条）、是正命令（23条）、履行強制金（24条）、罰則および過料・怠料（25〜27条）などが定められている。なお、第10条の2から7では「障害物のない生活環境認証制度」（장애물 없는 생활환경인증제도）が規定されている。本改正は2016年8月から施行されているが、これについては、のちに若干触れる。

　バリアフリー施設の設置対象は上述のとおり4つある。詳細をみると、「公園」には都市の大きな公園や住宅地域の公園だけでなく、国立公園や日本の県立公園などに該当する道立公園なども含まれる。「公共の建物」や「公衆が利用する施設」の「公衆が利用する施設」には、地域の生活施設や公共施設、医療施設、業務施設、運動施設、教育研究施設、宗教施設、宿泊施設、一般の公衆浴場、販売施設、運輸施設、放送・通信施設、葬儀施設、観光休憩施設などが含まれる。2005年には、理容院、美容院、医院なども含まれるようになった。近隣生活施設や業務施設は、障害者等の便宜法の施行令で定める一定面積以上の施設物のみが義務の対象となる。

　また、義務化の対象が「整備対象施設」と「対象施設」の2種類に分類されている。「整備対象施設」は、建築年度に関係なく同法が定めたバリアフリー施設を設置しなければならない施設であり、対象施設は同法が定める公園や公共の建物、公衆が利用する施設や共同住宅や通信施設のなかで、1998年以後に新築や改築、増築や用途変更、大改修をした一定規模以上の施設を意味する。「整備対象施設」とは、横断歩道や地域の役場など公共業務施設（1000㎡未満）、5つ以上の大便器を設置した公衆トイレ、障害者福祉施設、高齢者福祉施設、総合病院、障害者の特殊学校、国や地方自治体の庁舎（100㎡以上）などである。当初は旅客自動車ターミナル、港湾施設および総合旅客施設、空港、（長距離）鉄道駅舎（急行以上が停車する駅）、都市鉄道駅舎が含まれていたが交通弱者法に移管された。これ

らの整備対象施設は，バリアフリー施設の設置について，2年から7年の猶予期間が設けられている。

罰則規定については，是正命令に従わない場合，500万ウォン未満の罰金を支払わなければならず，車いすなどを設置しない場合は100万ウォンの過料が科せられる。さらに資料の提出などに応じず，あるいは虚偽の資料を提出した場合，また検査を拒否した場合には200万ウォンの過料が科せられる。

さらに履行強制金が賦課される場合もある。履行強制金の50％は地方自治体が使用し，残りの半分はバリアフリー施設設置促進基金として使用されることになっている。履行強制金の額は，バリアフリー設備を設置しなかった場合，通常必要とされる人件費と資材費の20％，バリアフリー施設を設置するのに必要な階段の有効床面積等，必要な面積を確保しない場合には地方税法により当該対象施設に適用される1㎡当たりの課税時価標準額の20％に該当する金額に違反面積をかけた金額としている。また，宿泊施設においては，障害者用宿泊施設を設置しなかった場合には当該宿泊施設に確保されなければならない障害者用の客室数に相当する一般客室の年平均収入金額の20％の金額とされている。さらに，バリアフリー施設の維持や管理をしない場合，上記3つの規定による該当費用の10％とされている[10]。

(3) **課題**

本法において情報アクセシビリティについての規定はなされているが，行政機関や事業者が提供すべきサービスの内容を規定しているのか，法に定めている施設内における利用についての規定なのかが曖昧である。案内サービスと手語通訳サービスについて，障害者等の便宜法施行令を援用している障害者差別禁止法では，施設内における利用のみを規定するとしている。本来はバリアフリー施設のことだけを定めている法律ではないはずであるが，視覚障害者や聴覚障害者などが必要とする情報保障の部分が脆弱であり，同法がカバーするのは文字案内板や点字ブロック，非常点滅灯

---

10) 障害者等の便宜法施行令第12条の2。

等の避難設備などにすぎない。テレビや劇場等における字幕などの情報保障や音声案内などについて現在は別の制度で運用されているが，同法で整備されるべきである。

　また，同法施行令や施行規則で定めるバリアフリー施設などの基準について，たとえば車いす利用のために確保する出入口の幅などが最近の電動車いすに合わなくなってきた等，時代にそぐわなくなっていることも挙げておく。この点については施行令や施行規則の改正がなされる模様である。

　さらに実効性の点で，本法の所管省庁が保健福祉省であるということが課題である。障害者等の便宜法は福祉サービスについて規定する法律ではなく，建物などの施設物についてのバリアフリーを推進する法律であり，少なくとも建築物などを所管する省庁である国土交通省との共同管轄が望ましいと思われる。

2-3 交通弱者の移動便宜増進法（交通弱者法）
(1) 制定の背景
　交通弱者法は 2005 年に制定され，翌年に施行された。同法の制定の背景には 2001 年以降の障害者団体による移動の権利を求める運動（移動権運動）が挙げられる。2001 年 1 月，韓国鉄道公社（当時）水仁線のオイド（오이도）駅の，垂直型の昇降機（垂直型リフト）において車いすの利用者であった障害者の夫婦のうち 1 人が死亡，1 人が重傷を負うという事故が発生した。事故の原因は昇降機を維持するロープが切れた，ということだが，設置基準があいまい等といった複数の理由で，死亡事故でありながら韓国鉄道公社や建設交通省（건설교통부（当時））,保健福祉省など，どの機関も責任をとらず，裁判においてもどこにも責任がないという判決が下った。これに対して障害者団体は，障害者便宜施設促進市民連帯（以下，「便宜施設連帯」。現在は「障害物のない生活環境市民連帯」に団体名を変更）を事務局団体とした「オイド駅障害者垂直型リフト墜落惨事対策委員会」（オイド対策委）を結成し，事故原因の調査や今後の対策を要求する活動を行った。しかし，保健福祉省は建設交通省や鉄道公社の所管である

とし,一方で建設交通省はバリアフリー施設は保健福祉省の管轄であるとして,たがいに責任を認めなかった。そこで2001年4月に「障害者移動権の争奪のための連帯会議」(장애인이동권 쟁취를 위한 연대회의,以下,「移動権連帯」)が発足し,障害者の交通機関などのアクセシビリティ保障運動が本格化する。移動権連帯には60余りの団体が加盟し,地下鉄駅のエレベーター設置やノンステップバスの導入,障害者等の便宜法の改正などを求めて激しい運動を展開した。この結果,首都であるソウル市は地下鉄駅のエレベーターの設置やノンステップバスの導入などの成果があったが,同市に限定されたものであり,ほかの地域へ広がることはなかった。また障害者等の便宜法の改正についても,管轄省庁の保健福祉省はバスなどのアクセシビリティを強制する手段がないということで,成果を上げることができなかった。

　そこで,交通機関などに強制力のある新法制定運動がはじまり,便宜施設連帯や政党,法律専門家によって,日本で2000年から施行されている「高齢者,身体障害者等の公共交通機関を利用した移動の円滑化の促進に関する法律」(以下,「交通バリアフリー法」)やアメリカの「障害をもつアメリカ人法」(ADA)の第2編を参考に韓国の実態を反映させた「障害者・高齢者・妊婦等の交通手段の利用及び移動保障に関する法律案」が作成さ

写真1-2　地下鉄の障害者用トイレ(筆者撮影)

れた。2004 年，建設交通省はこの法案をもとに「交通弱者の移動便宜増進法案」を作成し，さらに，移動権の保障規定，ノンステップバスの導入の義務化，予算支援などの内容を追加した交通弱者法が 2005 年に制定されるに至った。

(2) 主な内容

交通弱者法は全 6 章，34 カ条の条文，5 カ条の附則からなり，鉄道やバス，航空機や船舶などの交通手段，旅客施設，道路などの分野のバリアフリーを推進する法律である。第 1 章「総則」(1〜5 条)，第 2 章「交通弱者移動便宜増進計画」(以下，「移動便宜増進計画」。6〜8 条)，第 3 章「移動のバリアフリー施設の設置基準等」(9〜17 条)，第 4 章「歩行優先区域」(18〜24 条)，第 5 章「補則」(25〜30 条)，第 6 章「罰則」(31〜34 条) という構成になっている。

第 1 章の総則は同法の目的について「交通弱者が安全で便利に移動することができるように交通手段，旅客施設及び道路に移動便宜施設を拡充し，歩行環境を改善し，人間中心の交通体系を構築することにより，交通弱者の社会参画と福祉の増進に寄与することを目的とする」(1 条) と規定している。「交通弱者」は「障害者，高齢者，妊婦，嬰幼児を同伴した人，子供等，日常生活で移動に不便を感じる人」と広範な定義がなされている (2 条)。また，注目すべきものとして「移動権」(이동권) が以下のように規定されている。「交通弱者は人間としての尊厳と価値及び幸福を追求する権利を保障されるため，交通弱者ではない人が利用するすべての交通手段，旅客施設及び道路を差別なく安全かつ便利に利用し，移動することができる権利を有する」(3 条)。この権利規定が具体的な権利を定めたものか否かは明確ではないが，さまざまな機関や団体がさまざまな場面で「移動権の保障」という用語を使用しており，抽象的にではあるものの，韓国社会において障害者等の移動の権利という概念が浸透してきた 1 つの理由となっていると思われる[11]。

---

11) たとえば，全国紙である中央日報のウェブニュースでも「障害者も故郷に帰りたい―移動権保障を求める―」といった記事がある (http://news.joins.com/article/21181486　2018 年 2 月 20 日最終アクセス)。

第2章の移動便宜増進計画は，国土交通省と地方自治体に対して5カ年計画の立案を義務化しているのが特徴である。計画の内容は移動の便宜増進の基本方向および目標やバリアフリー施設の実態調査ならびに改善や拡充に関する事項，歩行環境の実態ならびに改善や拡充に関する事項，ノンステップバスの導入に関する事項などが含まれる。2017年から2021年までの第3次計画が2016年末に立案されており，概要を後述する。

　第3章は移動のバリアフリー施設の設置基準等についてであり，交通弱者法の対象施設を交通手段，旅客施設，道路と定めている（9条）。交通手段と道路は障害者等の便宜法の規定を移管したものである。バスや都市鉄道車両についての利用保障については，路線バスの場合，一定台数のノンステップバスを運行する者に優先的に路線旅客自動車運送事業の免許を交付するなどのインセンティブを与えている（14条2項）。ノンステップバスを導入する交通事業者に対しては，国土交通省と地方自治体から補助金が出されることになっている（14条4項）。特別交通手段については，基礎自治体の長に対し導入義務が定められている（16条）。

　第4章では歩行優先区域について，基礎自治体の長は歩行優先区域を指定することができ，指定および維持管理のための計画を立案しなければならないと規定されている。

　第5章では，交通弱者の数字や現状，交通弱者の移動の実態，バリアフリー施設の設置や管理の実態，歩行環境の実態などの実態調査の義務を国に課している（25条）。また研究・開発の促進（26条），報告や検査などについて規定されている（28条）。さらに，交通事業者が交通弱者法を遵守しなかった場合，地方自治体の交通行政機関が1年以内の期間を定め，是正命令を出すことができる旨の規定がされている（29条）。

　罰則については，是正命令に従わない場合には1000万ウォン以下の罰金に処する旨の規定（31条），第28条に規定する報告や資料提出に応じない，あるいは，虚偽の報告をした場合には200万ウォン以下の過料を科する旨の規定が設けられている（33条）。

　なお，交通弱者法上の便宜施設等の設置基準は国土交通省が作成した「交通弱者の移動便宜施設の設置・管理マニュアル」（교통약자 이동편의시

설 설지・관리매뉴얼）であり，最新版が 2016 年 12 月に出されている[12]。

(3) 交通弱者法の実施の現状

　同法に定める「交通弱者」の現状と課題について，国土交通省が出した「第3次移動便宜増進計画（2017～2021）」を手掛かりにみることにする。交通弱者の総数については，障害者，高齢者，妊婦，嬰幼児同伴者，子供等を足したものが総計となり，韓国の総人口 5152 万人のうち 25.7％に当たる 1323 万人とされている。そして，2021 年までに年平均 2.3％増加し，約 1500 万人に達すると予測されている。とくに韓国は高齢者の比率が高い。2017 年における全人口の 14％は高齢者であり，高齢化社会とされる。

　移動のためのバリアフリー施設の設置実態について，交通手段，旅客施設，歩行環境の 3 つが，交通弱者法の基準に適合しているか否かという点については，交通手段が 77.4％，旅客施設が 67.8％，歩行環境が 72.2％適合してる（詳細は**表 1-2**参照）。交通手段のなかでは，基準適合率は航空機が 98.7％で一番高く，鉄道車両が 93.8％，都市鉄道および電鉄車両 91.7％，バスが 85.3％，旅客船が 17.6％となっており，航空機と鉄道車両の不

表 1-2　交通弱者　移動バリアフリー施設の設置および管理実態

（単位：％）

区　分	基準適合	基準未適合	未設置
交通手段	77.4	7.0	15.6
旅客施設	67.8	8.9	23.3
歩行環境	72.2	12.3	15.5
平　均	72.5	9.4	18.1

（出所）　国土交通省（2016, 14 の〈표［表］3-7〉）をもとに筆者作成。

12）　このマニュアルは，交通手段（バス，鉄道車両，都市鉄道車両・広域鉄道，航空機，船舶），旅客施設（歩行アクセス路，メイン出入口，障害者専用駐車区域，通路，スロープ，エレベーターなど 18 種），道路施設（交通弱者が通行できる歩道や音響信号機など 5 種），歩行優先区域（横断施設など 3 種）についてのガイドラインや数値を示している。内容の紹介は省く。

便さはほぼなくなっている段階である。旅客船の低さが際立っているが，建造年数がたっている古い船舶が多いのが理由である（国土交通省 2016, 15）。

満足度の調査では，交通弱者の満足度とそれ以外の一般の人の満足度を分けたデータを出している。交通手段については，一般の人は 72 点で交通弱者は 63 点，旅客施設については，一般の人が 69 点で交通弱者が 60 点，歩行環境については，一般の人が 66 点で交通弱者が 56 点であった（国土交通省 2016, 14〈표［表］3-9〉）。交通弱者とそれ以外の者を比較して交通弱者の満足度が低く出ているのは当然のことと思われる。また，交通弱者も法律上多様であり，障害者とそれ以外の交通弱者の差もあると思われるが，そこまでのデータは示されていない。

(4) **課題**

以上，交通弱者法の課題としては交通弱者の範囲が広いため，障害者の視点に立った場合，基準が甘く設定される恐れがある。上記の満足度も交通弱者の種別ごとの満足度が明確でないため，高齢者が交通弱者のうちの多くを占めるなかで，障害者の満足度はより低いのではないかと思われる。さらに，障害者のなかでも障害種別によっても満足度は変わってくるため，正確な指標とするためには工夫が必要となっていると思われる。

国民の支持を受けて施策を推進するうえでは，交通弱者という枠は効果的かもしれないが，移動に一番困難を抱える者に焦点をあわせるべきである。交通弱者法の基準は，障害者差別禁止法第 19 条（移動及び交通手段等における差別禁止）の第 4 項に規定する正当な便宜供与義務の内容と連動されているため，差別禁止の観点からも交通弱者法の基準は大きな影響を及ぼしている[13]。

なお，法律によって策定が義務づけられている移動便宜増進計画の策定過程に障害当事者の参画が保障されていないことも問題である。これは行政機関によって立案されるものだが，基準の策定に当事者参画は欠かせない。

第 3 次移動便宜増進計画では，交通弱者の移動権の強化のために都市交通機関において，鉄道駅のバリアフリー化やノンステップバスの導入が進

められていることが記されている。交通弱者，とくに車いす利用者の，都市間，地域間の移動のための公共交通機関は，鉄道のみが利用可能な状態であり，都市間バスや長距離バスの利用が不可能ななか，鉄道不在地域においては移動が困難な状況にある。これに対応するため，リフトバスの導入などの検討が進められている（国土交通省 2016, 6-7）。リフトバスの導入については，2020年に試行事業を行う予定であり，障害者団体や事業者との調整が行われているとされる。しかし，予約制にするのか否か，リフト設置によって座席数が減少する不利益に対する事業者への補償，高速道路の休憩所の駐車場所など課題が多く残されている[14]。

2-4 バリアフリー認証制度
(1) 制度の概要

バリアフリー認証制度は，国が認める7つの機関によって当該施設や建物などがバリアフリーであるとの認証を受ける制度である。国によって認められた権威ある機関が認証することで，事業者や建築主にインセンティブを与え，建物や公園，歩行環境などのバリアフリー化を促す制度である。当制度の法的根拠は，障害者等の便宜法第10条の2，交通弱者法第17条の2，国土交通省と保健福祉省の共同省令である「障害物のない生活環境認証に関する規則」（장애물 없는 생활환경 인증에 관한 규칙）である。

認証の対象は，地域，道路，公園，旅客施設，建築物，交通機関と多岐にわたる。地域とは市・郡・区ならびに邑・面・洞[15]，および10万㎡以

---

13) 障害者差別禁止法施行令第13条（移動，交通手段等の正当な便宜供与の適用対象及び正当な便宜の内容）
 ①法律第19条8項により，交通事業者・交通行政機関が障害者の移動及び交通手段等の利用に必要な正当な便宜を提供しなければならない適用対象は「交通弱者の移動便宜増進法施行令」別表1に従う。
 ②法律第19条8項による正当な便宜の内容は「交通弱者の移動便宜増進法施行令」別表2に従う。
 ③省略。
14) 2016年11月23日，2017年11月27日の2回にわたり国立交通研究院において実施した，国立交通研究院総合交通本部パクサンウ（박상우）研究員への筆者によるインタビュー。

上の事業所のことを指す。たとえば地域は，地域内の施設間の連携性や歩行環境の便宜性と安全性などが，建築物は建物へのアクセスやエレベーター，案内施設などの便宜性と安全性が認証基準の対象となる。最優秀等級，優秀等級，一般等級の3段階に分けて認証し，認証の期間は5年である。2017年11月現在，認証機関は，韓国障害者開発院，韓国土地住宅公社，韓国障害者雇用公団，韓国生産性本部認証院，韓国鑑定院，韓国環境建築研究院，韓国教育緑色環境研究院の7つの機関である（保健福祉省2017)[16]。

　この制度の特徴は，障害者等の便宜法第10条の2第3項に該当する建築物に対しては認証を受けることが義務化されている点である。また，認証の対象範囲が広いことも特徴であり，このようなバリアフリー認証制度は世界でも珍しいとされる[17]。

(2) 制度導入の経緯と現況

　バリアフリー認証制度は，2005年の交通弱者法の制定を受けた形で2008年に国土海洋省（국토해양부．当時。現在の国土交通省）が「バリアフリー認証制度施行指針」を作成した試行事業が始まりである。2009年にはバリアフリー認証制度を法定化するため交通弱者法が改正され，翌年には関連する箇所について同法施行令が改正された。先に述べたように同制度は障害者等の便宜法と交通弱者法の2つの法律が根拠法となっているが，交通弱者法が管轄する分野から推進されてきた。2015年，バリアフリー認証制度の導入のための障害者等の便宜法の改正がようやくなされ，現在，下部法令である同法施行令と同法施行規則が改正される予定となっている（保健福祉省2016）。改正の内容は宿泊施設のバリアフリールームの全客室数に対する設置比率を0.5％から1％に引き上げることや新築建

---

15) 邑・面・洞は日本の町や村などに当たる行政区域の名称である。
16) バリアフリー認証制度については，政府が運用する統合されたホームページではなく各認証機関の個別のサイトで紹介されている。本章では以下，障害者開発院のホームページのサイトを参照（https://bf.koddi.or.kr/index.aspx　2018年2月20日最終アクセス）。
17) 2017年11月23日の筆者によるペユンホ（배윤호）氏へのインタビュー。

造物への傾斜式リフト設置の制限[18]など，バリアフリー化を推進する内容となっている。

　2017年8月現在，認証を受けている施設等の総数は720件である。このうち，竣工段階，使用承認の段階にある本認証が143件であり，残りは設計段階や建築許可段階である予備認証である。この720件のうち707件が建築物（本認証は139件），12件が旅客施設（同4件），1件が道路である。等級別では最優秀等級が30件（本認証10件），優秀等級が633件（同129件），一般等級が57件（同4件）となっており，認証数が一番多い認証機関は韓国障害者開発院の400件である（保健福祉省2017）。これらのデータからみると同制度の普及が急速に進んでいると思われる。

(3) **課題**

　認証の基準ともなる交通弱者法と障害者等の便宜法の基準が現在の技術水準に達していないという指摘がある。電動車いすの普及などで基準自体を見直す必要性があるということである。とくにこの2つの法律の基準は障害者差別禁止法の正当な便宜提供義務における基準ともなっており，早急に見直す必要がある。交通弱者法によって定められた第3次移動便宜増進計画でもその点について設置基準の見直しを2020年までに行うこととしている（国土交通省2016, 59）。

2-5　情報アクセシビリティ施策

(1) **障害者放送と法制度**

　情報アクセシビリティ施策の推進に関連する主な法律は，障害者福祉法，「放送法」（방송법），「国家情報化基本法」（국가정보화기본법），および，上述した障害者等の便宜法，ならびに，後述する障害者差別禁止法等である。

　障害者福祉法の第22条（情報へのアクセス）（정보에의 접근）は，国と自治体に対して電気通信・放送施設などにおけるアクセシビリティの改善

---

18)　垂直移動が必要な建築物について，安易に車いす用のリフトを設置するのではなくエレベーター設置を誘導する意図があると思われる。

の努力義務を課し，国や自治体が民間の事業者に対し，放送番組において聴覚障害者に対する韓国手語やクローズド・キャプション[19]，視覚障害者に対する画面解説や字幕解説を放映するよう要請する義務を課している。

また放送法第69条では放送事業者に対して，障害者の視聴を可能にするため韓国手語，クローズド・キャプション，画面解説等を利用した放送をしなければならない，と義務づけをしている。上記放送を行う場合，大統領府直属の組織である「放送通信委員会」(방송통신위원회)[20] が必要な経費の全部または一部を支援することができると定められている。財政支援を放送通信委員会が行うことを定めている重要な条項である。これに関連して放送通信委員会は2011年に「障害者放送の編成及び提供等，障害者の放送アクセシビリティの保障に関する公示」(장애인방송 편성 및 제공 등 장애인 방송접근권 보장에 관한 고시．以下，「放送アクセシビリティ公示」)を定めた。韓国手語，クローズド・キャプション，画面解説や字幕解説をまとめて「障害者放送」と定義し（2条），放送法第69条や障害者差別禁止法第21条3項，両法の関連施行令に従い，障害者放送の対象事業者や編成比率，提供基準などを定めている。以上のとおり，韓国における障害者放送の実施については，障害者差別禁止法上の正当な便宜の供与も含めて，財政的措置やその基準の設定などを行う放送通信委員会が重要な役割を果たしているということになる。

(2) 障害者放送の実施状況

放送アクセシビリティ公示では，障害者放送の提供義務について事業者を「必須指定事業者」と「告示義務事業者」の2つの類型に分けて目標値を定め義務づけを行っている（同公示6条ならびに7条）。「必須指定事業者」とは地上波放送事業者や放送チャンネルを使用する衛星放送事業者で

---

19) テレビ放送で，とくに聴覚障害者向けに，音声・せりふなどを字幕化したもの。専用アダプターにより不要の場合は消すことができる字幕システム。

20) 放送通信委員会は1981年設立された「放送委員会」の後継組織として2008年に大統領直属の機関として設置された。大統領から委嘱を受けた9名の委員で構成される。放送・通信に関する政策立案などを行う。ホームページのURLは http://www.kocsc.or.kr （2018年2月20日最終アクセス）。

あり，「告示義務事業者」とは地域のチャンネルを運用する有線放送の事業者であり，インターネット・マルチメディア・コンテンツ放送の事業者が含まれる（5条）。

2016年度の実績として，必須指定事業者の場合，地上波放送事業者の字幕放送の目標値は認定された放送の100%（衛星放送事業者は70%），画面解説放送は10%（同7%），韓国手語通訳放送は5%（同4%）とされている。また，公示義務事業者については字幕放送の目標値が70%，画面解説放送が5%，韓国手語通訳放送が4%となっている。これら3種類の障害者放送の内容のうち，いずれかの目標を達成できていない事業者は必須指定事業者と告示義務事業者総数134の事業所のうち6つの事業所にすぎない[21]。

(3) その他電話リレーサービス等

韓国では聴覚障害者や言語障害をもつ者が，電話を使用する際，中継所を通じて映像（韓国手語）や文字，音声による双方向の電話リレーサービスが行われている[22]。「電気通信事業法」（전기통신사업법）に基づいて，科学技術情報通信省（과학기술정보통신부）の関連機関である韓国情報化振興院が民間に委託する形で，「107 ソンマルイウム（手話耳音）センター」（손말이음센터）が中継センターとして運営されている。電話で，局番なしで「107」とかけると，韓国全国どこからでも24時間電話リレーサービスを利用することができる。2007年に制定された障害者差別禁止法が2010年に改正され，24時間の運用が実現した。

ウェブ・アクセシビリティについては，科学技術情報通信省が所管する国家情報化基本法が第32条の1で，国家機関等に対してインターネットを通じた情報やサービスを提供する際に障害者等が簡単にウェブサイトを利用できるようアクセシビリティを保障しなければならないことを義務づ

---

21) 2017年に放送通信委員会より出された障害者放送提供実績資料「2016年度障害者放送編成義務評価結果」（2016년도 장애인방송 편성의무 평가 결과）による。
22) 韓国では「通信中継サービス」（통신중계서비스）という。以下，韓国情報化振興院107 ソンマルイウム（手話耳音）センター（손말이음센터）のURLを参照（https://www.relaycall.or.kr/home/main1.asp 2018年2月20日最終アクセス）。

けている。一方，民間事業者に対しては努力義務となっている。また，同法ではウェブ・アクセシビリティの品質を認証する制度を定めている（同条2〜5）。現在の認証の状況は，認証の総数が4466件，そのうち同法に基づく国家認証は3655件となっており，それ以外は同法施行以前の認証である[23]。この認証審査の基準は科学技術情報通信省が定めた標準審査指針である「韓国型ウェブコンテンツアクセシビリティ指針2.1（KS X OT0003）」（한국형 웹 콘텐츠 접근성 지침 2.1 (KS X OT0003)）である。

2-6 小括

韓国の建築物や交通機関，情報アクセシビリティを推進する法制度は1990年代後半以降，急速に整備されてきた。とくに2005年の交通弱者法と2007年の障害者差別禁止法の制定以降，それ以前と比較して交通機関や情報アクセシビリティの発展は刮目するものがある。交通弱者法による便宜増進五カ年計画などの行政計画以外に，さまざまな認証制度を導入し，障害者差別禁止法における合理的配慮や行政計画ではカバーしきれなかった部分について，国家の権威に基づく認証によって，事業者等にインセンティブを与える形で推進されていることがわかる。しかしながら課題も多い。障害者等の便宜法や交通弱者法におけるバリアフリーの基準の問題がある。たとえば交通弱者法上の高齢者や妊婦も含まれる交通弱者という比較的広い概念をもとにした基準整備や満足度の調査結果は，最も移動の困難を抱える重度の身体障害者の実際のニーズや感覚とかけ離れたものになることは想像に難くない。

次節では，上記の法制度と同様に，アクセシビリティの確保において大きな法的支柱となっている障害者差別禁止法によるアクセシビリティの確保について検討する。

---

23) ウェブ・アクセシビリティの品質認証制度についての情報を発信しているWeb Watchのホームページを参照（http://www.webwatch.or.kr/Situation/WA_Situation.html?MenuCD=110　2018年2月20日最終アクセス）。

第3節　障害者差別禁止法

3-1 アクセシビリティ関連条項

　障害者差別禁止法は，2007年に国会で成立し，2008年4月11日に施行された。施行から2016年末までの10年間に国家人権委員会に申し立てられ，処理された障害差別事件は1万77件であり，そのうち実際に調査対象となったのは4608件に上る。調査対象のうち差別行為と判断され勧告がなされた案件が383件，調査中解決案件が2335件であり，そのうち調査途中で解決し取り下げられた案件が645件，合意終結案件が355件，国家人権委員会の調停成立案件が5件となっている（チョンホギュン 2017, 81）[24]。

　ここでは同法の概要と同法のアクセシビリティに関する最近の動向を検討する。

　6章，全50カ条と附則からなる同法では，第1章の総則において直接差別と間接差別，正当な便宜供与（合理的配慮）の拒否，不利な待遇の表示・助長を直接行う広告あるいは効果という，障害を事由とした4つの類型の差別を禁止している（4条）。障害の過去の経歴や推測されることを理由にした差別を禁止し，同法の適用範囲を拡大しているのが特徴である（6条）。障害者差別禁止法では合理的配慮は「正当な便宜」（정당한 편의）とされ，「"正当な便宜"とは，障害者が障害のない人と同等に，同じ活動に参与することができるように，障害者の性別，障害の種別及び程度，特性等を考慮した便宜施設・設備・道具・サービス等，人的・物的な諸般の手段と措置をいう」（2項）と定義されている。なお，正当な事由がある場合はこれを差別とはみなさない（3項）。

　各則を定める第2章のアクセシビリティに関連する条文は，第18条から第21条となる（資料1-1）。第18条（施設物アクセス・利用の差別禁止）

---

24) チョンホギュン（정호균）氏は2018年2月現在，国家人権委員会障害政策チーム長である。

の第3項と第4項では，正当な便宜供与の拒否を禁止し，正当な便宜の基準は前述の障害者等の便宜法の別表2によるとしている。第19条は移動および交通手段等における差別禁止についてであり，正当な便宜供与の判断は交通弱者法のバリアフリー基準に従うとする。第20条は情報通信・意思疎通における差別禁止である。第21条は情報通信・意思疎通における正当な便宜供与義務を定めている。

障害者差別禁止法上の救済機関は国家人権委員会であり，被申立人による国家人権委員会からの勧告の不履行時には法務大臣が是正命令を出すことができる。

3-2 申立ての状況と国家人権委員会による判断例

国家人権委員会の差別案件の差別事由は，障害以外に，性的ハラスメント，年齢，身分，学力，出身地，民族などさまざまある。そうしたなか2016年の申立て案件では，総数2434件のうち，障害差別が1492件と61.3％を占めた（国家人権委員会 2017, 145）。障害を事由とする差別の申立て案件の比率が大きいことがわかる[25]。このうちアクセシビリティに関連する障害者差別禁止法第18条から第21条の申立て件数は，施設物（建築物など）のアクセシビリティ分野117件（公共部門は46件，民間部門は71件），移動および交通手段分野58件（公共部門は39件，民間部門は19件），情報アクセシビリティ・意思疎通分野160件（公共部門は27件，民間部門は133件）となっている（国家人権委員会 2017, 156）。

具体的な事例としては，たとえば，車いすを利用している障害者が，ある自然休養林を利用するために，車いす利用者でもほかの観光客に供している車両に搭乗できるよう被申立人である自然休養林の管理者に対して申し立てた案件では，リフト等の乗降装置の装着などの正当な便宜の提供の方策を準備すべきとの勧告が出され，現在対応が検討されている（16陳情0275500）。そのほか，視覚障害者が，モバイル環境における本人確認手続

---

25) この理由としては，障害以外の差別事由については国家人権委員会法によって包括的に差別を禁止している一方で，障害については障害者差別禁止法という単独の差別禁止法があるためである。

を利用できるよう適切な手段を提供する勧告が出された案件（14陳情0887600／14陳情0887500）などがある（国家人権委員会2017, 192-193）。

3-3 小括

申立て事案の解決状況などからみれば，制定から10年を迎えた障害者差別禁止法は障害者への差別是正にそれなりの役割を果たしていると思われる。しかし課題も指摘されている。現行障害者差別禁止法は，すべての生活領域において障害者への差別を禁止しているが，障害種別ごとの正当な便宜についての具体的な規定がされていないこと，現実問題として小規模の事業所に雇用されている障害者の権利がいまだ改善されていないこと，障害者差別禁止法に抵触する法律が存在すること，障害者の物理的なアクセシビリティにおいて障害者等の便宜法や交通弱者法の細部基準をそのまま判断の根拠とし，急速な社会の変化に対応していないことなどが課題とされる（チョンホギュン2017, 81-82）。物理的なアクセシビリティ以外に情報通信技術（ICT）の進歩の速度も速く，既存の法律の基準を，提供されるべき正当な便宜の内容としてそのまま援用することは妥当でない。これらの基準はさまざまな規模の事業体があるなか，あくまでもすべての事業体が順守すべき最低の基準として認識されるべき性質のものである。これらの基準以上の配慮ができる事業体にまで最低基準の履行で免ずることは，正当な便宜，すなわち合理的配慮の本来の趣旨にそぐわない。

第4節　特殊言語に関する法律

4-1 韓国手話言語法

(1) 制定過程

2007年に成立した障害者差別禁止法は大きな意義をもつが，たとえば，手話通訳者の使用には7日前までに申請すべき旨が規定されているなど課題も多い（障害者差別禁止法施行令14条4項）。障害者権利条約第2条において手話を言語として解釈できる定義がなされたこともあり，すでに

2008年には韓国ろう協会が中心となって当時の与党であるハンナラ党の議員とともに「手話関連法制研究および推進委員会」が作られ，手話言語法制定に向けた懇談が重ねられている。しかし，手話言語法制定の運動が本格化したのは2011年，ろう学校と寄宿舎の虐待問題を映画化した「トガニ　幼き瞳の告発」によって，ろう児・者の問題が社会に大きな反響を巻き起こしてからである。2011年に保健福祉省の登録団体が中心となる「手話言語の権利の獲得のための共同対策委員会」（手話協対委），2012年に保健福祉省登録団体が中心となる「手話基本法連帯」（のち「手話言語法連帯」）が結成されるなど，障害者団体による運動が本格的に始まった。

こうした動きを受けて，2012年11月に正義党のチョンジンフ議員，与党セヌリ党のイエリサ議員が「韓国手話言語法案」（2012年12月）を発議するなど，制定までに4つの法案が議員により発議された。これらの内容が公聴会を経て調整され，法律となった。こうして，2015年12月31日に韓国手話言語法が成立し，2016年8月2日には施行令が採択され，8月4日に施行された[26]。

(2) **主な内容**

韓国手話言語法は全4章20カ条と3カ条の附則からなり[27]，所管省庁は文化体育観光省（문화체육관광부）である。第1章「総則」（1～5条），第2章「韓国手話発展基本計画」（以下，「基本計画」）（6～9条），第3章「韓国手話の発展及び普及」（10～18条），第4章「補則」（19～20条）という構成になっている。

第1条（目的）では，「韓国手話言語が国語と同等な資格を有するろう者固有の言語であることを明確にし，韓国手話言語の発展及び保全の基盤を準備し，ろう者と韓国手話言語使用者の言語権と生活の質を向上させること」を目的とするとしている。第2条は基本理念を定めており，韓国手話言語（以下，「韓国手話」）が韓国のろう者の公用語であること，ろう者等が韓国手話の利用により差別を受けないこと，韓国手話により教育を受

---

26) 韓国手話言語法の制定過程についてはキムチョルファン（2015, 7-14）を参照。
27) 日本語仮訳は全日本ろうあ連盟のURLを参照（訳は崔。http://www.jfd.or.jp/info/2015/20160223-korea-sgh.pdf　2018年2月20日最終アクセス）。

ける権利を有する旨を規定している。第3条は定義規定であり,「韓国手話」を韓国のろう文化のなかで視覚・動作体系をもとに生じた固有の形式の言語,「ろう者」を聴覚障害を有する者で,ろう文化のなかで韓国手話を日常語として使用する者,「ろう文化」をろう者としてろうアイデンティティと価値観を基盤とする生活様式の総称,「ろうアイデンティティ」をろう者として有する自己同一性,とそれぞれ規定している。第4条の国と地方公共団体の責務では,「国と地方公共団体は,この法律の解釈・適用において,『障害者権利条約』の内容と趣旨に符合させなければならない」(3項) という興味深い規定がなされている。

国は,基本計画を韓国手語関連の専門家の審議を経て,5年ごとに立案・施行する義務を負い (6条),国や市道の長は,基本計画に従って,毎年韓国手語発展施行計画を立案・施行しなければならない (7条)。

韓国手話言語法の内容において重要なのが,手話言語の研究や教育が規定される第3章である。韓国各地の手話をろう者の公用語としての韓国手話に統一し,ろう者に普及を図ることが本法の目的の1つだからである。国と地方公共団体は,ろう者等の家族に対して支援し (12条),国は,韓国手語の使用促進および普及のため,公共機関および韓国手語関連法人・団体を韓国手語教育院として指定し (14条),その運営に必要な経費を予算の範囲で支援することができる (14条3項,4項)。国と地方公共団体は,手話通訳を必要とするろう者に対し手話通訳を支援しなければならないとされ (16条1項),国や地方公共団体は,ろう者の求職,職業訓練,労働等の職業活動全般への手話通訳支援をしなければならないとする支援義務を規定している (同条2項)。

4-2 点字法の概要

韓国手話法の制定直後である2016年5月に点字法 (점자법) が成立し,2017年5月から施行されている。韓国手話法をほぼ踏襲した形となっており,全4章20カ条と2カ条の附則からなることも同じであり,所管省庁も文化体育観光省である。構成は,第1章「総則」(1~6条),第2章「点字発展基本計画」(7~10条),第3章「点字使用の促進及び普及」(11~

18条），第4章「補則」（19〜20条）からなる。

　本法の目的は「点字及び点字文化の発展と保全の基盤を準備し，視覚障害者の点字使用の権利を伸長し，生活の質を向上させること」とされている（1条）。「『点字』とは視覚障害者が触覚を活用し自分で読むことができるようにもり上がる点を一定の方法により調合した標記文字」をいう（3条）。図形や絵などを触覚で認知することができるよう制作された触覚資料を含む。また，点字はハングルとともに韓国において使用する文字であり一般活字と同一の効力を備えると規定され（4条1項），文字としての法的地位を獲得したことになる。点字使用の促進および普及については，公共機関等は，点字関連の専門人材に資格を付与することが可能であると規定している（18条）。

4-3　小括

　韓国手語法と点字法の成立は，2014年10月に障害者権利条約の条約体である国連の障害者権利委員会（Committee on the Rights of Persons with Disabilities）から韓国政府に出された総括所見（UN 2014）の内容を実施したものといえる。パラグラフ42で韓国政府に対し，韓国手語を公式言語として承認し，点字を韓国の公式文字として認める法案の採択を勧奨している。韓国手語を言語としたこと，点字を文字としたことは障害者にとって大きな意義をもつ。

　これら2つの法律は，文化体育観光省が所管省庁であるが，2016年9月，関連機関である国立国語院の特殊言語振興課が法の運用などを行う担当部署として新設された。2017年9月には文化体育観光省と関係部署より「第1次韓国手語発展基本計画2018〜2022」（제1차 한국수어발전기본계획 2018〜2022）が策定され，そこでは三大重点課題として，韓国手語能力の向上と普及，韓国手語関連制度の安定的運営の基盤づくり，韓国手語使用環境の改善のための基盤構築が挙げられている（文化体育観光省・関係部署合同 2017, 10）。

　とくに韓国手語法についての課題として，韓国民の公用語ではなく，ろう者の公用語とされたことが挙げられている。どのように一般社会に普及

させるのか，韓国手話を使わない者に対し言語として広報，認知させるのか。研究や教育中心の法律であるが，実生活上，言語としてどこまで保障されるのか，福祉サービスとして提供されている手話通訳士などの社会資源はどれだけ増えるのかも注目すべき点である。

おわりに

　韓国のアクセシビリティに関する施策は，1990年代以降，急速に発展してきたことは間違いない。障害者福祉法や障害者等の便宜法と交通弱者法，放送法や国家情報化基本法などを根拠として福祉サービスの提供や行政計画の立案や基準策定，目標値設定などによる制度，これらの法律の基準を利用しながら特定の機関により認証を与え，インセンティブによって事業者などが自主的にアクセシビリティの確保をめざすように誘導する制度，そして障害者差別禁止法に基づく権利保障型制度の3種の制度，いわばトリプルトラックアプローチでこれを進めているといえる。そしてこれに加え，手話を言語とし点字を文字と規定し，普及や啓発を行う言語政策的なアプローチによってアクセシビリティの確保を補完している。さらに国際人権法上の自由権的権利と社会権的権利の不可分性，相互依存性という点からみると，障害者権利条約第20条や第21条等の権利の韓国内での実施については，建物や交通機関のバリアフリーを整備して漸進的に移動の自由を確保するという社会権的な権利保障と，差別禁止法制による即時救済という自由権的な権利保障の両面からのアプローチであるとも考えられる[28]。

　上述のとおりさまざまな課題も残されている。とくに障害者等の便宜法や交通弱者法のさまざまな基準が社会の発展の速度に追いついていないことや，その遅れた基準が障害者差別禁止法の正当な便宜の判断に使用され

---

28) たとえば，障害者権利条約前文（c）では，「全ての人権及び基本的自由が普遍的であり，不可分のものであり，相互に依存し，かつ，相互に関連を有すること並びに障害者が全ての人権及び基本的自由を差別なしに完全に享有することを保障することが必要であることを再確認し」としている。

うることは大きな問題である。情報アクセシビリティについてもウェブ・アクセシビリティなどは取り組みが始まったばかりである。韓国のトリプルトラックアプローチによるアクセシビリティの確保が課題をどのように解決していくのか、今後見守っていく必要がある。

〔参考文献〕

〈日本語文献〉
川内美彦 2001.『ユニバーサル・デザイン——バリアフリーへの問いかけ』学芸出版社.
崔栄繁 2010.「韓国の障害者法制——障害者差別禁止法を中心に」小林昌之編『アジア諸国の障害者法——法的権利の確立と課題』日本貿易振興機構アジア経済研究所: 29-63.
——— 2011.「韓国の障害者差別禁止法制」2011年5月13日 内閣府 障がい者制度改革推進会議差別禁止部会発表資料（http://www8.cao.go.jp/shougai/suishin/kaikaku/s_kaigi/b_4/pdf/s2.pdf 2018年2月20日最終アクセス）.
内閣府 2016.『平成28年版障害者白書』内閣府.
聴覚障害者制度改革推進中央本部 2013.『米国・英国・韓国の情報アクセス・コミュニケーション政策——日本の未来への提言』聴覚障害者制度改革推進中央本部.

〈韓国語文献〉
국토교통부［国土交通省］2016.「제3차 교통약자이동편의증진계획 (2017~2021)」［第3次交通弱者移動便宜増進計画］.
김철환［キムチョルファン］2015.「장애모델의 다중패러다임에 의거한 "수화언어법안"의 비교연구」［障害モデルの多重パラダイムによる「手話言語法案」の比較研究］ 석사논문［修士論文］ 경기대학교일반대학원［京義大学一般大学院］.
국가인권위원회［国家人権委員会］2016.『결정례집 제9집 2016: 인권정책, 침해구제, 차별시정』［決定例集第9集2016: 人権政策，侵害救済，差別是正］.
국가인권위원회［国家人権委員会］2017.「2017 장애차별금지법 제정 10주년, 장차법 개정안 수렴 토론회」자료［「2017障害者差別禁止法制定10周年，障害者差別禁止法改正案まとめ討論会」資料］.
문화체육관광부・관계부처합동［文化体育観光省・関係部署合同］2017.「제1차 한국수어발전기본계획 2018~2022」［第1次韓国手語発展基本計画 2018~2022］.
배융호［ペユンホ］2009. 연수자료［研修資料］.
——— 2017.「한국과 일본의 장애인 접근권 정책비교 연구: 편의시설과 이동권을 중심으로」［韓国と日本の障害者アクセシビリティ政策の比較研究: バリアフリー施設と移動権を中心に］석사학위논문［修士論文］ 성공회대학교시민사회복지대학원［聖公会大学市民社会福祉大学院］.

보건복지부［保健福祉省］2016.「『장애인등 편의법』하위법령개정 추진」［「障害者等の便宜法」下位法令改正推進］.

─── 2017.「장애물 없는 생활환경（Barrier Free）인증 제도 개요」［障害物のない生活環境（バリアフリー）認証制度の概要］.

정호균［チョンホギュン］2017.「장애인차별금지법 제정 10주년 진정사건현황 및 분석」［障害者差別禁止法制定 10周年申立て事件の現況および分析］『2017 장애차별금지법 제정 10주년, 장차법 개정안 수렴 토론회』자료［『2017 障害者差別禁止法制定 10周年, 障害者差別禁止法改正案まとめ討論会』資料］국가인권위원회［国家人権委員会］: 79-102.

한국장애인개발원［韓国障害者開発院］2017.「유니버설디자인 정책 방향 모색을 위한 세미나」자료［「ユニバーサルデザイン政策の方向の模索のためのセミナー」資料］.

박신원・윤인숙・조영태・이범규・김상운［パクシンウォン・ユンインスク・チョヨンテ・イボムギュ・ギムサンウン］2013.『장애물 없는 생활환경（Barrier Free）인증 성과분석』［障害物のない生活環境（バリアフリー）認証 成果分析］한국토지주택공사 토지주택연구원［韓国土地住宅公社 土地住宅研究院］.

〈英語文献〉

UN（United Nations）2014. "Concluding Observations on the Initial Report of the Republic of Korea," CRPD/C/KOR/CO/1.

〔資料 1-1〕

　障害者差別禁止法第 18 条から第 21 条の条文は以下のとおりである（邦訳は崔）。

第 18 条　施設物アクセス・利用の差別禁止
①施設物の所有・管理者は，障害者が当該施設物にアクセス・利用し，非常時に退避することにおいて，障害者を制限・排除・分離・拒否してはならない。
②施設物の所有・管理者は，補助犬及び障害者補助器具等を施設物に持ち込み，利用することを制限・排除・分離・拒否してはならない。
③施設物の所有・管理者は，障害者が当該施設物にアクセス・利用し，非常時に退避することにおいて，避難及び退避施設の設置等の正当な便宜の供与を正当な事由なしに拒否してはならない。
④第 3 項を適用することにおいて，その適用を受ける施設物の段階的範囲及び正当な便宜の内容等の必要な事項は，関係法令等に規定した内容を考慮し大統領令で定める。

第 19 条　移動及び交通手段等における差別禁止
①「交通弱者の移動便宜増進法」第 2 条 5 項及び 6 項による交通事業者（以下"交通事業者"という）及び交通行政機関（以下"交通行政機関"という）は，移動及び交通手段等にアクセスし利用することにおいて，障害者を制限・排除・分離・拒否してはならない。
②交通事業者及び交通行政機関は，移動及び交通手段等の利用において，補助犬及び障害者補助器具等の同乗又は搬入及び使用を拒否してはならない。
③交通事業者及び交通行政機関は，移動及び交通手段等の利用において，障害者及び障害者に関係を有する者に，障害又は障害者が同行・同伴した補助犬又は障害者補助器具等を理由に，障害者ではない人より不利な料金制度を適用してはならない。

④交通事業者及び交通行政機関は，障害者が移動及び交通手段等を障害者ではない人と同等に利用し，安全で便利に歩行及び移動をすることができるようにするために必要な正当な便宜を供与しなければならない。
⑤交通行政機関は，交通事業者が障害者に対しこの法に定めた差別行為を行わないように広報・教育・支援・監督しなければならない。
⑥国家及び地方自治体は，運転免許試験の申請，受験，合格のすべての過程で，正当な事由なしに障害者を制限・排除・分離・拒否してはならない。
⑦国家及び地方自治団体は，障害者が運転免許試験のすべての過程を，障害者ではない人と同等に経ることができるように正当な便宜を供与しなければならない。
⑧第4項及び第7項を適用することにおいて，その適用対象の段階的範囲及び正当な便宜の内容等必要な事項は大統領令で定める。

第20条　情報アクセスにおける差別禁止
①個人・法人・公共機関（以下，この条では"個人等"という）は，障害者が電子情報と非電子情報を利用し，それにアクセスすることにおいて，障害を理由に第4条1項1号及び2号で禁止した差別行為をしてはならない。
②障害者関連者として手話通訳，点訳，点字校正，朗読，代筆，案内等のために障害者を代理・同行する等，障害者の意思疎通を支援する者に対しては，何人も正当な事由なしに，これらの活動を強制・妨害し，又は不当な処遇をしてはならない。

第21条　情報通信・意思疎通での正当な便宜供与義務
①第3条4号及び6号，7号，8号カ目後段及びナ目，11号，18号，19号に規定された行為者，及び，12号，14号から16号までの規定に関連した行為者，第10条1項の使用者及び同条2項の労働組合関係者（行為者が属する機関を含む。以下，この条で"行為者等"という）は，当該行為者等が生産・配布する電子情報及び非電子情報について，障害者が障

害者ではない人と同等にアクセス・利用することができるよう，手話，文字等の必要な手段を提供しなければならない。この場合，第3条1項8号カ目後段及びナ目でいう自然人は，行為者等に含まれない。
② 公共機関等は，自らが主催又は主管する行事において，障害者の参加及び意思疎通のために必要な手話通訳士・文字通訳士・音声通訳士・補聴機器等，必要な支援をしなければならない。
③ 「放送法」によって放送物を送出する放送事業者と「インターネットマルチメディア放送事業法」第2条5項によるインターネットマルチメディア放送事業者は，障害者が障害者ではない人と同等に，制作物又はサービスにアクセスしそれを利用することができるよう，字幕，クローズド・キャプション，手話通訳，画面解説等，障害者の視聴の便宜サービスを提供しなければならない。
④ 「電気通信事業法」による基幹通信事業者（電話サービスを提供する事業者のみ該当する）は，障害者が障害者ではない人と同等にサービスにアクセスし，それを利用することができるよう，通信設備を利用する中継サービス（映像通話サービス，文字サービス，又は，その他放送通信委員会が定め告示する中継サービスを含む）を確保し，提供しなければならない。
⑤ 次の各号の事業者は，障害者が障害者ではない人と同等にアクセスし，利用することができるよう，出版物（電子出版物を含む。以下，この号で同じ）又は映像物を提供するために努めなければならない。ただし，「図書館法」第18条による国立中央図書館は，新たに生産・配布する図書資料を点字，音声又は，拡大文字等で提供しなければならない。
　1. 出版物を定期的に発行する事業者
　2. 映画，ビデオ物等の映像物の制作業者及び配給業者
⑥ 第1項に伴う必要な手段を提供しなければならない行為者等の段階的範囲及び必要な手段の具体的な内容と，第2項に伴う必要な支援の具体的な内容及び範囲とその履行等に必要な事項は，大統領令で定める。

第 2 章
中国におけるバリアフリー環境建設—アクセシビリティ法制の課題—

小 林　昌 之

はじめに

　障害者事業は，1988 年に制定された「中国障害者事業 5 カ年工作綱要（1988～1992 年）」から開始され，その後は国家全体の方針を定める国民経済社会発展計画綱要にあわせて 5 年ごとに国務院によって「綱要」が作成されている。1988 年の「綱要」では，障害者の権益を保障する法体系の確立が任務の 1 つとされ，労働，教育，リハビリテーションについては個別の章が設けられた[1]。しかし，当初，障害者のアクセシビリティに関しては，「その他」の章で，「徐々に障害者のためによい環境条件を整えていく」と言及されるにとどまっていた。当時，障害者は，医学モデルのもと，障害者事業の客体にとどまり，障害者が主体的に社会参加していくための前提となるアクセシビリティの保障に関しては，注意が払われていなかったことが示唆される。

　2016 年の第 13 次 5 カ年「綱要」では，全面的なバリアフリー環境建設の推進が掲げられている[2]。道路・建築物については，改築・増築を含め，新たに建設される道路，建築物，居住区では，バリアフリー施設を確保し，政府機関，公共サービス，公共交通などのバリアフリー改造を加速

---

1)　「中国残疾人事業五年工作綱要（1988～1992）」1988 年 9 月 3 日。
2)　「"一三五"加快残疾人小康進程規劃綱要」国発〔2016〕47 号。

する。公共交通手段については，順次，バリアフリー設備を整備し，障害者が外出するための交通サービスを改善するものと定められた。また，インターネットおよび移動通信網などの情報サービスについては，バリアフリー化を大いに推進し，障害者のための電子製品，モバイルアプリなどの開発，応用を奨励するとした。さらに，政府情報のバリアフリー化を推進し，順次，プレスリリースにおける手話通訳を提供するとともに，公共サービス機構・公共の場所および公共交通手段においても，手話や点字などの情報コミュニケーション・サービスを提供していくものとした。こうしたバリアフリー化の計画はどのように進み，中国における障害者のアクセシビリティ法制は，はたして障害者が主体的に社会参加していくための基盤を提供するようになったのであろうか。

　本章では，中国において，障害者権利条約が要求する，施設およびサービスへのアクセス，表現および意見の自由ならびに情報へのアクセスを保障するための法制度がどのように構築され，課題を抱えているのか明らかにすることを目的とする。以下，まず障害者保障法およびバリアフリー環境建設条例などにおけるアクセシビリティの扱いについて検討し，つぎに障害当事者および国連障害者権利委員会による現状評価を概説し，最後に立法および実施上の課題について論じる。

第1節　アクセシビリティ法制の発展

　1990年に障害者法制の中核となる「障害者保障法」が制定され，1991年に施行された[3]（**表2-1**）。各省・自治区・直轄市などの地方政府は本法を施行するための実施規則を制定し，いくつかの分野では国務院の条例が整備されてきた。1994年に「障害者教育条例」[4]が，2007年に「障害者就業条例」[5]が制定されている。中国では，2006年12月に国連で採択され

---

3) 中国障害者保障法の詳細については，小林（2010）参照。
4) 「残疾人教育条例」1994年8月23日国務院公布・施行。

第 2 章　中国におけるバリアフリー環境建設

表 2-1　アクセシビリティ関連の法規と政策

施行年	名　称
1988	中国障害者事業 5 カ年工作綱要
1990	障害者が使用する都市道路・建築物を便利にするための設計規範の貫徹実施に関する通知
1991	**障害者保障法**
	中国障害者事業第 8 次 5 カ年計画綱要
1996	**高齢者権益保障法**
	中国障害者事業第 9 次 5 カ年計画綱要
1998	都市バリアフリー施設建設の遂行に関する通知
	障害者が使用する都市道路・建築物を便利にするための設計規範の貫徹実施に関する若干の補充規定に関する通知
	中国民用航空旅客・荷物国際運輸規則
2001	中国障害者事業第 10 次 5 カ年計画綱要
	バリアフリー施設建設工作第 10 次 5 カ年計画実施方案
2004	道路交通安全法
2006	中国障害者事業第 11 次 5 カ年発展綱要
	バリアフリー建設第 11 次 5 カ年実施方案
2008	障害者事業発展促進に関する中共中央・国務院の意見
	障害者保障法（改正）
2009	障害者航空運輸規則（試行）
	自動車運転免許証申請受領・使用規定（改正）
2011	中国障害者事業第 12 次 5 カ年発展綱要
	バリアフリー建設第 12 次 5 カ年実施方案
2012	**バリアフリー環境建設条例**
2013	バリアフリー環境の市県創建事業の展開に関する通知
2015	障害者航空運輸管理規則（改正）
	村町のバリアフリー環境建設の強化に関する指導意見
	普通大学学生募集全国統一試験への障害者参加の管理規定（暫定）の通知
	視覚障害旅客が盲導犬を携えて駅に入り乗車することの若干の規定（試行）
2016	第 13 次 5 カ年障害者小康過程加速計画綱要
	ウェブページのバリアフリー・サービス能力向上に関する指導意見
	バリアフリー建設第 13 次 5 カ年実施方案

（出所）　全国人大内務司法委員会・中国残疾人聯合会（2012, 184-187），鄭（2017, 194-197）等に基づき，筆者作成。

た障害者権利条約[6]の議論にあわせて障害者保障法の改正作業が進められ，同法は2008年4月24日に改正された[7]。障害者権利条約には，2008年8月に批准し，中国は履行の義務を負う締約国となった。そうしたなか，アクセシビリティに関する条例は，2012年に「バリアフリー環境建設条例」[8]として制定された。以下，ここではアクセシビリティに関するこれら法律，条例，および具体的なデザインなどを示す設計規範や標準について検討する。

1-1 障害者保障法の改正

1991年に施行された障害者保障法は，障害者権利条約の議論にあわせて改正作業が進められ，2008年に改正された。従来，9章54カ条あった条文は，2008年の改正によって若干条文が増え，9章68カ条となった。章構成は，「総則」，「リハビリテーション」，「教育」，「労働就業」，「文化生活」，「社会保障」，「バリアフリー環境」，「法律責任」および「附則」である。

従来，「環境」とのみ記された章のタイトルは，2008年の改正で「バリアフリー環境」（中国語：無障碍環境）へと修正され[9]，より具体的な内容が盛り込まれた。ただし，アクセシビリティを権利として打ち出してはいない。改正では，従来は努力義務にとどまっていた道路・建築物のバリアフリー化について，「建築物・道路・交通施設等の新築・改築および増築は，国家の関連バリアフリー施設工程建設基準に符合しなければならない」と定められ，義務化された（53条）。その当時，すでに関連部門や地方政府からは「都市道路・建築物バリアフリー設計規範」[10]や「北京市バ

---

5) 「残疾人就業条例」2007年2月25日国務院公布，2007年5月1日施行。
6) 2006年12月13日に国連総会で採択，2008年5月3日に発効。
7) 「中華人民共和国残疾人保障法」2008年4月24日第11期全国人民代表大会常務委員会第2回会議修正，2008年7月1日施行。
8) 「無障碍環境建設条例」2012年6月28日国務院公布，2012年8月1日施行。
9) 障害者権利条約の中国語版は，英語のaccessibilityに当たる用語を「無障碍」あるいは「無障碍環境」と表記する。
10) 「城市道路和建築物無障碍設計規範」建標〔2001〕126号，2001年8月1日施行。

リアフリー施設建設・管理条例」[11]などの規範性文書や規定が出されており（**表 2-2**），2008 年の改正でそれらは法律による裏打ちを得たことになった（全国人大常委会法制工作委員会行政法室 2008, 149）。

また，従来，道路・建築物など物理的バリアのみを対象としていた内容に加えて，2008 年の改正では，情報・コミュニケーションのバリアフリーが盛り込まれた（52条）。障害者権利条約が第9章「アクセシビリティ」で，情報およびコミュニケーションに言及していることがとり入れられ

表 2-2　バリアフリー関連の設計規範と標準

実施年	名　　称
1986	障害者が使用する都市道路・建築物を便利にするための設計規範（試行）
1989	**障害者が使用する都市道路・建築物を便利にするための設計規範**
1999	高齢者建築設計規範
2000	民間空港旅客ターミナル・バリアフリー施設設備配置標準
2001	**都市道路・建築物バリアフリー設計規範**
2003	高齢者住居建築設計標準
	特殊教育学校建築設計規範
	全国バリアフリー施設建設モデル事業実施方案・全国バリアフリー施設建設モデル都市標準（試行）
2005	鉄道旅客駅バリアフリー設計規範
2008	情報バリアフリー及び身体機能が多様な人々のためのウェブサイト設計バリアフリー技術要求
2009	民間空港旅客ターミナル・バリアフリー施設設備配置標準（改正）
2010	地方障害者総合サービス施設建設標準
2011	バリアフリー施設施行検収・メンテナンス規範
2012	**バリアフリー設計規範**
	ウェブサイト設計バリアフリー技術要求

（出所）　全国人大内務司法委員会・中国残疾人聯合会（2012, 187-189），鄭（2017, 198-199）等に基づき，筆者作成。

---

11)　「北京市無障碍設施建設和管理条例」2004 年 5 月 16 日施行。

た。具体的には，各種国家試験の試験用紙の点字化・電子化または職員による支援（54条），公共サービス機構および公共の場所における音声・文字，手話，点字による情報コミュニケーション・サービスの提供（55条），選挙時の障害者参加の配慮および点字投票の提供（56条）などが新たに規定された。ただし，国家試験に関する規定以外は，「条件を整える」「条件が備わっている場合」などと記されており，努力義務にとどまっている。なお，各種国家試験の問題の点字化・電子化はパブリック・コメントによって追加された内容であり，視覚障害者が点字などによる受験ができないために，医療按摩の国家試験から排除されていた現状を反映してとり入れられた（小林 2010, 70-71）。

権利救済の方法および本法に違反した場合の責任については，「法律責任」の章が定めている。しかし，2008年の改正により，条文数が若干増え，詳細となったものの，違反に対する罰則などは直接規定していない。バリアフリー施設工程建設基準に適合しない建築物・道路・交通施設の新築改築などについて，主管部門が法に基づき処理する（66条）とのみ定められている。

なお，改正された障害者保障法の執行状況については，全国人大内務司法委員会が，2012年8月の第11期全国人大常務委員会第28回会議において「立法後評価報告」を提出している（全国人大内務司法委員会・中国残疾人聯合会 2012）。同報告は，アクセシビリティに関して，5つの課題が残っていると問題提起している（全国人大内務司法委員会・中国残疾人聯合会 2012, 192-194）。第1に，現行の法律と行政法規の一部規定の運用が難しいこと。第2に，執行部門とそれぞれの職能が不明確であること。第3に，法律責任が不明瞭であること。たとえば，ほとんどの規定が行政責任に関するものだけで，バリアフリー環境に違反または環境を破壊した，単位または個人に対して「主管部門が法に基づいて処理する」とのみ記されており，具体的な規定はおかれていないこと。第4に，アクセシビリティに関する現行の法律法規と障害者保障法のリンクが欠けること。第5に，バリアフリーに対して，資金投入が遅いこと，などが指摘され，法律と制度の確実な実施の強化が課題であるとした。

1-2 バリアフリー環境建設条例の制定

2012年8月1日施行のバリアフリー環境建設条例（中国語：無障碍環境建設条例）は，6章35ヵ条からなる[12]。それらは，「総則」，「バリアフリー施設建設」，「バリアフリー情報コミュニケーション」，「バリアフリー・コミュニティ・サービス」，「法律責任」および「附則」から構成される。障害者権利条約のアクセシビリティに関する内容を根拠に，中国の現況を勘案し，本条例がいうバリアフリー環境建設には，バリアフリー施設，バリアフリー情報コミュニケーションならびにサービスが含まれるとした[13]。

バリアフリー環境建設とは，障害者などの社会構成員が，主体的かつ安全に道路を通行し，建築物に出入りし，公共交通機関に乗り込み，情報を伝え合い，コミュニティ・サービスを獲得することを進めるのに役立つ建設をいう（2条）。バリアフリー環境建設の開発計画の組み立てならびに実施の責任は，県レベル以上の人民政府が負い，その際は，障害者団体などの社会組織の意見を聴取すべきこととなっている（4条）。

まず，バリアフリー施設の建設について，条例は，都市と農村に分けて，到達水準を定めている（9条）。都市では，道路，公共建築物，公共交通施設，住宅建築物，居住区の新築，改築，拡張を行う場合は，バリアフリー施設プロジェクト建設基準に適合する必要があると定める。その一方で，農村においては，建設と開発は，バリアフリー施設プロジェクト建設基準に，漸次，到達しなければならないとされ，条件が緩和されている。

また，条例は，優先してバリアフリー施設の整備を行う機構と場所を設定している。それらは，(1)特殊教育，リハビリテーション，社会福祉等の機構，(2)国家機関の対外サービスの場所，(3)文化，教育，医療衛生等の機関の公共サービスの場所，(4)交通運輸，金融，郵政，商業，娯楽等の公共サービスの場所，である（12条）。都市の大型・中型の公共サービスの場所および大型の居住区に関しては，バリアフリー施設プロジェクト建設基

---

12) 草案では，5章43ヵ条であった。
13) 「国務院法制辦公室関与公布《無障碍環境建設条例（征求意見稿）》公開征求意見的通知」2011年4月25日。

準に基づいて，バリアフリー駐車スペースを設置し，標識を明示しなければならないとした。このバリアフリー駐車スペースは，肢体障害者が，運転または乗車している自動車に限られる（14条）[14]。

公共交通手段のバリアフリーについて，条例の定めは緩やかであり，民間航空機，旅客列車，旅客船舶，公共バス，都市軌道交通等の公共交通手段は，漸次，バリアフリー施設の要求に到達するべきであり，関連主管部門はバリアフリー施設技術基準を制定し，達成期限を確定すべきであるとのみ定めている（15条）。

バリアフリー情報コミュニケーションについては，県レベル以上の人民政府が，それぞれの情報化計画のなかに組み込み，情報・コミュニケーションのバリアフリーを推進する措置をとるべきと定める（18条）。条例は，障害者権利条約第9条「施設及びサービス等の利用の容易さ」と第21条「表現及び意見の自由並びに情報の利用の機会」が規定する内容に合わせ，いくつかの措置を具体的に定めている。

写真 2-1　万里の長城にある車いす用スロープ（筆者撮影）

---

14) 肢体障害者が運転または乗車する自動車以外の自動車がバリアフリー駐車場を占有し，肢体障害者の使用に影響を与えた場合，公安機関の交通管理部門は是正を命じ，法律に基づいて処罰を与えると規定している（32条）。

たとえば，政府および関連部門が，重要な政府情報および障害者に関連する情報を発布する際は，障害者に対して音声および文字で提示するなどの情報コミュニケーション・サービスを提供する条件を整えるべきであること（19条）。国が主催する入学試験，職業資格試験および任用試験では，視覚障害者のために，点字問題，電子問題の提供，あるいは職員による支援が与えられるべきであること（20条）。公共図書館は条件を整え，視覚障害者閲覧室を開設し，点字の書籍，音声書籍を提供すべきであること（22条）。公共サービス機構および公共の場所は，条件を整え，障害者のために音声および文字による提示，手話，点字等の情報コミュニケーション・サービスを提供すべきであり，従業員に対してバリアフリー・サービス技能訓練を行うこと（24条）などが求められている。

　また，テレビ局は条件を整え，テレビ番組を放送する際に字幕を加え，毎週少なくとも1回，手話をつけたニュース番組を放送すべきであること（21条）。公開発売される映画などの映像作品には字幕がつけられるべきこと（21条）。聴覚障害者が集中して参加する公共活動においては，主催機関は字幕または手話サービスを提供すべきであること（25条）。人民政府のウェブページ，政府公益活動のウェブページは，漸次，バリアフリー・ウェブページ設計基準を達成すべきであること（23条）[15]。電気通信業の経営者は，電気通信サービスを提供する際，漸次，聴覚・言語障害者に対しては，文字情報サービスを提供し，視覚障害者に対しては，音声情報サービスを提供しなければならないこと（26条）。インターネットなどの，電気通信終端設備の製造業者は，バリアフリー情報コミュニケーション・サービスが可能となる，技術，製品を提供すべきであること（26条）などが求められている。

　バリアフリー・コミュニティ・サービスについては，コミュニティの公共サービス施設は，漸次，バリアフリー・サービスの機能を完備していくべきであり，障害者などの社会構成員が，コミュニティ生活に参加できる

---

[15]　障害者組織のウェブページについては，バリアフリー・ウェブページ設計基準を達成すべきであると定められている（23条）。

ための便宜を提供するものと規定した（27条）。また，地方の各レベルの人民政府は，障害者などの社会構成員が，警察へ通報し，救助を呼びやすくするために，漸次，警察への通報，医療救急等の緊急呼び出しシステムを改善するべきこと（28条）。さらに，選挙を執り行う部門は，障害者が選挙に参加するために便宜を提供すべきであり，視覚障害者には点字投票を提供すべきであることなどが記されている（30条）。

これらに違反した場合については，基本的に，主管部門が是正を命じ，法律に基づいて処罰されるとのみ規定されている（第5章「法律責任」）。草案の段階では，モニタリングや高額の罰金なども盛り込まれており，障害当事者からは一定の評価を得ていた（一加一（北京）残障人文化発展中心 2012, 第45段落）。たとえば，草案では，障害者連合会，高齢者協会等組織は，バリアフリー環境建設ボランティア監督員を招聘し，行政部門にバリアフリー環境建設の意見および提案を提出することができ，関連行政部門は対応を検討し，回答しなければならないとする条文案やバリアフリー施設プロジェクト建設基準に基づかないでバリアフリー施設を設計，建設した設計機関，建設機関に対しては，期限付きで是正を命じ，10万元以下の罰金を科す，という条文案が提案されていた。しかし，これらはいずれも採択された条例からは削除されている。

1-3 アクセシビリティに関する設計規範と標準

障害者のアクセシビリティに関する施設や設備の設計の規範や標準が制定され始めたのは，1986年の「障害者が使用する都市道路・建築物を便利にするための設計規範（試行）」からである。この「設計規範」がアクセシビリティ・デザインに関する柱となり発展していく。その後，各分野における設計規範や標準が整備されるとともに（表2-2），運用および法的位置づけが通達や法規の制定によって強化されていった。たとえば，1989年に正式に施行された「障害者が使用する都市道路・建築物を便利にするための設計規範」は，1998年の「都市バリアフリー施設建設の遂行に関する通知」[16]によって強制力が付されたとされる。この通知では，新しく整備される都市道路，大型公共建築および居住区は，「設計規範」が定め

るバリアフリー施設などの要求に従わなければならず，建設プロジェクトの審査時に合致しないことが判明した場合は一律承認せず，「建設プロジェクト計画許可証」も発行しないとした。

　1989年の「設計規範」は，2001年に「都市道路・建築物バリアフリー設計規範」に改正され，建設範囲，建設標準，建設要求をより明確にするとともに，そのうち24の条文が国家強制性標準とされた（凌・白2017, 214）。これがさらに強化され，2012年には「バリアフリー設計規範」となり，業界標準から国家標準に格上げされるとともに，全国範囲で実施される強制性規範となった（焦・孫・楊2014, 7）。2012年の「バリアフリー環境建設条例」の制定を受け，本改正では，建築物やバリアフリー施設の類型を拡大するとともに，歴史的建造物の改造，都市緑地，情報コミュニケーションのバリアフリーなど新たな内容が加えられた。

1-4　小結

　障害者保障法とバリアフリー環境建設条例は，障害者などの社会構成員が主体的に，道路，建築物，公共交通機関を利用し，情報やコミュニティ・サービスの獲得推進を目的とすると定められた。これらは障害者権利条約が謳うアクセシビリティ保障の枠組みをカバーするものの，中国ではアクセシビリティは権利としては打ち出されていない。それでも少なくとも法律上，道路・建築物のバリアフリー化は義務化され，公共交通手段のバリアフリー化は漸進的に進められ，情報・コミュニケーションのバリアフリー化については計画的な推進が求められた。ただし，道路・建築物のバリアフリー化に関しても，都市部は建設基準への即時の適合が求められる一方，農村部に対しては，漸次到達すればよいと条件が緩和されている。なお，基準となる設計規範や標準も分野ごとに整備されるとともに，それらの運用および法的位置づけが通達や法規によって徐々に強化されていったことがうかがえる。しかしながら，これらの履行について，法律も条例も違反に対する罰則を直接規定しておらず，主管部門が法に基づき処

---

16)　「関与做好城市無障碍設施建設的通知」建規〔1998〕93号，1998年4月27日。

理するとのみ定められ,執行を担保する仕組みがあいまいとなっている。条例草案の段階では,障害者連合会や高齢者協会などの当事者の意見が反映できるようなモニタリングも計画されていたが,現状では執行,救済,モニタリングのいずれも脆弱であるといわざるを得ない。

第2節　アクセシビリティに対する現状認識と評価

2-1 障害当事者の評価

　中国のバリアフリー化の現状認識としては,物理的バリアフリーの改善の方が,情報・コミュニケーションより進んでいるとされる(鄭2017,192)。また,バリアフリー建設に対する投資は,主として政府の公共のバリアフリー施設に対する投資であるために,相対的に民間や商業サービスのバリアフリー化が緩慢になっているという。しかし,政府も必ずしも積極的に取り組みをしてきているとはいえない。主たる投資者ではあるものの,部門横断的にバリアフリー化を推進するためのバリアフリー環境建設指導機構を設置した地方政府は約3割にとどまる。2006年の778カ所から2015年には1132カ所となったものの設置率は35％である[17]。また,同様に,系統的にバリアフリー建設を展開している区・県は,2006年の540カ所から2015年には1384カ所と増加したものの,なお半数の区や県は系統的な取り組みを展開していない(凌・白2017, 215-216)。

　障害当事者のバリアフリー化に対する評価については,中国障害者連合会と国家統計局などが継続的に実施してきた全国障害者状況モニタリング報告では,調査が開始された2007年から最終調査の2013年まで,満足度は継続して上昇してきたことがわかる(**表2-3**)[18]。「非常に満足」と「満足」と答えた障害当事者の割合は,2007年の48.0％から2013年には84.6％と上昇しており,バリアフリー化は,一定程度は進んできたことがうか

---

17)　対象となる省・地・県の地方政府の総数は3207である。
18)　標本数は,全国734県の1464調査小区の3万7199人。「満足」は,「非常に満足」と「満足」を含む(中国残疾人聯合会2014, 25)。

表 2-3　バリアフリー施設・サービスの満足度の推移

(単位：%)

年	2007	2008	2009	2010	2011	2012	2013
非常に満足・満足	48.0	62.9	66.9	69.4	77.9	81.5	84.6

（出所）　中国残疾人聯合会（2014, 25）。

がえる。

　一方，2017 年に中国消費者協会と中国障害者連合会が全国 102 カ所の都市で行ったバリアフリー施設の調査では，障害当事者の満足度は 70 点と低い評価にとどまった（中国消費者協会・中国残疾人聯合会 2017, 23）[19]。社会全体におけるバリアフリー施設の普及率は 40％しかなく，とくにバリアフリー・エレベーター，バリアフリー・トイレなどの施設不足が深刻であったとされる。また，バリアフリー施設が存在しても，出入口が鍵などで閉鎖されている，荷物や自転車などで占有されている，スロープの傾斜が急であったり，狭すぎたりと設計が合理的でないなどの問題が普遍的にみられることが指摘されている（中国消費者協会・中国残疾人聯合会 2017, 16-20）。そして目下，バリアフリー環境建設は，建設することに重点がおかれすぎており，障害者に便宜を提供すべきバリアフリー施設は，施設を利用する障害者への配慮が欠けているという。障害者の視点に立った価値観が育まれていないため，障害者が使用できないバリアフリー施設になっており，実際の満足度を引き下げる形となっている（夏・王・王 2017, 179）。

2-2　障害者権利委員会との建設的対話

　中国は，障害者権利条約第 35 条に従い，自国の履行状況についての初回報告を，2010 年 8 月 30 日付けで提出した（CRPD/C/CHN/1）[20]。中国政

---

19)　調査は 100 点満点で評価し，90〜100 は優，80〜90 は良，70〜80 は中，60〜70 は可，60 未満は不可とされた（中国消費者協会・中国残疾人聯合会 2017, 6）。

府の報告書は，障害者権利委員会が策定したガイドライン（CRPD/C/2/3）に沿って構成され，基本的に障害者権利条約の条文に逐条対応する形となっている[21]。

障害者権利条約第9条「施設及びサービス等の利用の容易さ」（中国語：無障碍）に関しては，中国政府が，バリアフリーに関する法律や政策の体制を構築し，バリアフリーの技術的な標準・規範の整備に尽力してきたと主張し，「障害者保障法」，「北京市バリアフリー施設建設・管理条例」および「都市道路・建築物バリアフリー設計規範」などを制定してきたことに言及した（para.41, 42）。これらに従わず，バリアフリー標準に符合しない建築行為があった場合には，是正措置と懲罰をとることを予定しているとし，その例として，障害者保障法が，「関連部門が法に基づいて処理する」と定めていることを挙げた（para.43）。

実際のバリアフリーの状況については，中国の都市は，基本的にバリアフリー都市を構成するようになったとし，バリアフリーは，市中心部の幹

写真 2-2　北京の地下鉄にある車いす用昇降機（筆者撮影）

20）障害者権利条約の締約国は中華人民共和国であるものの，香港とマカオは特別行政区として大幅な自治を有していることから，政府報告も，中国（中央政府），香港，マカオの3部構成となっている。本章は，このうち中国（中央政府）の議論を対象とする。
21）中国の初回政府報告については，小林（2018）参照。

線道路や主要建築物から，区や県などに広がっているとした。とくに，障害者の特殊教育学校，福祉企業，リハビリテーションセンターなどはすべて，バリアフリーの建設および改造を行っているとした。また，交通機関のバリアフリー化，テレビ局の手話・字幕，公共サービス業における音声・手話サービス，盲人およびろう者を対象としたショートメールや移動通信サービス，図書館サービスなどの例が提示されている（para.44）。

第21条「表現及び意見の自由並びに情報の利用の機会」（中国語：表達意見的自由和獲得信息機会）に関しては，中国政府は，障害者が情報を得るために，手話，点字，その他アクセス可能なコミュニケーション手段を使用することを支持・支援していると表明した。このなかで，2008年施行の「中国政府情報公開条例」が，公民に，読むことに困難があったり，視聴覚に障害がある場合，行政機関は必要な援助を与えなければならないと規定していることにとくに言及している（para.81）。手話については，中国政府が発行した『中国手語』が，手話の統一と規範化を行っているとした。テレビ局の多くが手話ニュース番組を開始し，公共施設や公共交通機関は，障害者の情報バリアフリー・サービスに力を入れ，障害者総合サービス・プラットフォームの構築が進められている（para.82）。インターネットの情報バリアフリー建設も推進しており，国際標準にあわせて中国政府のウェブサイト「障害者サービス専用カラム」を作成し，各種標準を策定したとしている（para.83, 84）。

障害者権利委員会と中国の協議（建設的対話）に先だって，2012年4月16〜20日に開催された，障害者権利委員会の第7セッションにおいて，中国に対する30項目の事前質問事項（List of Issues）が採択された（CRPD/C/CHN/Q/1）。策定にあたっては，国際障害同盟（IDA）などの国内外の障害当事者団体からのシャドーレポートや提案が勘案されている。第9条に関しては，建築物や公共の場所がアクセシブルな割合，農村地区のバリアフリー化の状況などが問われ，これに対して中国は回答（CRPD/C/CHN/Q/1/Add.1）で，特殊学校，リハビリテーション施設などの概況を報告した（Issue 6）。

第21条に関しては，政府当局とのすべての司法手続において，ろう者

は中国手話の使用を得ることができるか否か,および,中国の初回報告で述べたアクセス可能なウェブサイトの各種標準は,いつから履行が義務となるのか,という質問が提起された。前者に対しては,「刑事訴訟法」と「治安管理処罰法」がろうの被疑者に対しては手話に精通した人が立ち会うと定めていること,また,ろう者が訴訟過程に参加する場合,裁判所,検察院,公安機関などの司法機関は主体的に手話サービスが必要か否か確認し,必要な場合は,手話通訳を提供すると回答した(Issue 20)。後者に対しては,障害者保障法などの法規が標準の制定と普及を推進していることに言及し,公布されている情報バリアフリーのガイドラインとなっている各種業界標準が列挙された(Issue 21)。

　建設的対話を経て,障害者権利委員会から出された,中国に対する総括所見[22]では,第9条のアクセシビリティについては,次の評価と勧告が示されたものの,第21条の表現の自由・情報へのアクセスについては,何も言及がなされていない(CRPD/C/CHN/CO/1)。第9条「アクセシビリティ」に対しては,都市部での前進を評価する一方,農村部に関する情報不足ならびにアクセシビリティ措置の非遵守による影響やモニタリングと評価の効果に関する情報不足に留意するとした(para.17)。そして,これらの情報を次回報告することを要請した。また,農村部に75％の障害者が住んでいることを考慮し,都市部のみならず,農村部においてもアクセシビリティ保障を確保するようとくに促し,バリアフリー・インフラの整備は,障害者が頻繁に訪問する環境のみに限定しないよう要請した(para.18)。

　障害者権利委員会から総括所見が提出されたあと,中国政府はそれに対する意見を表明し(A/68/55, Annex Ⅲ),いくつかの指摘に対して反論がなされている。しかし,アクセシビリティに関しては,反論はなく,むしろ,農村におけるインフラのバリアフリー化を強化することや,都市部の障害者が享受できている便宜と農村部との格差を縮めていくことなどは,

---

[22] 初回報告の総括意見(CRPD/C/CHN/CO/1)2012年9月27日の翻訳は,長瀬修訳を参照(http://www.dinf.ne.jp/doc/japanese/rights/rightafter/CRPD-C-CHN-CO-1_jp.html　2016年8月31日最終アクセス)。

中国の次期の障害者事業の目的と重なっているとした（para.3）。

2-3 小結

アクセシビリティ法制の発展が，道路・建築物のバリアフリー化に重きをおいているにもかかわらず，それに責任を有するはずの地方政府のすべてが，必ずしも積極的な取り組みを展開してはいない。加えて，実施されているバリアフリー環境建設は，建設実績に主眼がおかれ，本来，障害者に便宜を提供すべきバリアフリー施設は，障害者の視点を欠き，その結果，障害者が使用できない「バリアフリー」施設になっている。中国政府と障害者権利委員会の建設的対話でもこれらのことが議論されたものの，総括所見では，農村部の状況の情報不足ならびにアクセシビリティ法制の遵守やモニタリングに対する指摘があった一方，理由は不明であるが，都市部についてはアクセシビリティに前進があると評価した。バリアフリー化に対する障害当事者の評価も，徐々によくなってきていることから，従前と比べるとバリアフリー化，とくに物理的なバリアフリー化は進展しているのであろう。

第3節　立法および実施上の課題

中国は障害者権利条約に対応して障害者保障法を改正し，アクセシビリティに関してはそれを具体化するためのバリアフリー環境建設条例を制定した。条例において，バリアフリー環境建設とは，障害者などの社会構成員が，主体的かつ安全に道路を通行し，建築物に出入りし，公共交通機関に乗り込み，情報を伝え合い，コミュニティ・サービスを獲得することを進めるのに役立つ建設であると明示され，各種の設計規範や標準，実施規則などが整備されてきた。これらの整備によって，障害者のアクセシビリティは一定程度改善されてきたものの，現実にバリアは普遍的に存在し，紛争も多発している。アクセシビリティ保障において，主体である障害当事者はどのように扱われてきたのであろうか。以下，立法上の問題，なら

びに，交通機関および情報・コミュニケーションの問題について，それぞれ事例をとりあげて若干考察する。

3-1 立法上の問題―盲導犬同行―
　障害者権利条約に対応して，2008年の障害者保障法改正において，アクセシビリティに関する規定が拡大された。「盲導犬」についての条文も，改正された第7章「バリアフリー環境」のなかで新たに加えられた条文である。第58条において「盲人は，盲導犬を携えて公共施設に出入りする場合，国の関連規定を遵守しなければならない」と規定された。これを受けて，2012年のバリアフリー環境建設条例も「視覚障害者は，盲導犬を携えて公共施設に出入りする場合，国の関連規定を遵守しなければならない」「公共の場所の従業員は，国の関連規定に基づき，バリアフリー・サービスを提供しなければならない」(16条) と定めた。
　上記「盲導犬」に関する規定は，障害者権利条約第9条2項が，障害者が自立して生活し，生活のあらゆる側面に完全に参加するための措置の1つとして，公衆に開放される建物その他の施設の利用の容易さを促進するため，人または動物による支援（live assistance）の提供を挙げていること，および，第20条b項が，移動に関する措置のなかでも，障害者自身ができるかぎり自立して移動できるよう，人または動物による支援の利用機会を確保するなどの効果的な措置を求めていることに対応するものである。
　しかし，障害者権利条約が，公共の場所における補助犬の利用や適切な支援を，障害者が主体的に社会参加していくための重要な前提であると謳っているのに対して，中国の法律と条例では，公共の場所における補助犬の利用の権利については明示されていない。補助犬の利用に無言のまま，盲導犬の管理について障害者に義務を負わせており，障害者のアクセシビリティの視点より，むしろ管理を重視する構成となっている。障害者保障法もバリアフリー環境建設条例のいずれも，障害者が平等に社会生活に参加することを保障することを目的とし，主たる名宛人を人民政府や社会としているなか，この「盲導犬」に関する条文は異質である。

背景には，犬を飼うことに対して，狂犬病などの衛生上の問題や犬のしつけなどの社会秩序について政府の警戒感が強いことが挙げられている。たとえば，2003年の北京市犬飼管理規定[23]では，犬を飼うことができる人の条件が細かく規定され，また犬を携えて入ってはいけない公共の場所として，商店，商店街，ホテル，公園，公共緑地，学校，待合室など多くの場所が列記されている。バリアフリー環境建設条例の起草にあたっても，これら地方の管理規定が参照され，盲導犬に関しても，管理を強化しなければならないと議論されている（住房和城郷建設部・工業和信息化部・中国残疾人聯合会 2010, 28）。視覚障害者が，恣意的に，必要な訓練を受けていない犬を盲導犬と称して権利を主張するおそれも考慮されているという[24]。法律と条例のいずれも，盲導犬の利用の権利を明示していないにもかかわらず，障害者は権利を享受すると同時に，相応の義務を負うことを強調するための条文であると説明されている（住房和城郷建設部・工業和信息化部・中国残疾人聯合会 2010, 44; 国務院法制辦公室ほか 2012, 33）。この説明からも，本条例は，障害者の主体的な参加を想定しているのではなく，主として障害者を管理する対象，支援する客体とみているのではないかとの疑問を生じさせる。障害当事者を名宛人としてその行動を規定する本条文は，本来の法の目的とは乖離していると思われる。

なお，上述のとおり，法律のなかで公共の場所における盲導犬の出入りについて言及されたものの，その後，民航や鉄道などの詳細な規定が作られ[25]，実際に盲導犬の同行が実現するまでには長い時間がかかったとされる（解・蔡・傳 2016, 51）。

航空機に関しては，中国民用航空局（以下，民航局）が 2009 年に出した「障害者航空運輸規則（試行）」が，補助犬について独立した章を設け，

---

23)　「北京市養犬管理規定」2003 年 9 月 5 日制定。
24)　非障害者による「盲導犬」の主張の濫用防止も背景にあるとされる（筆者による中国障害者連合会での 2017 年 12 月のヒアリング）。
25)　地方性法規でも，明確に補助犬の利用を示している例がある。たとえば，2017 年の深圳市バリアフリー環境建設条例は，視覚障害者は規定に基づき盲導犬を携えて公共の場所に出入りし，また公共交通手段に乗ることができ，いかなる組織も個人もそれを阻止してはならないと，盲導犬を利用する権利を明確に打ち出している。

補助犬については，航空運送事業者などは，搭乗条件を備えた障害者のフライトに同行することを認めるべきであると定めた。こうしたなか，2014年に制定された「北京市軌道交通運営安全条例」[26]により，従来から制限されていた盲導犬の地下鉄への入場が開放されたとされる[27]。条例は，地下鉄に入場する際の条件を示す形で，視覚障害者が盲導犬を携えて駅に入って乗車する場合は，視覚障害である証明書と盲導犬証を提示し，盲導犬はハーネスと口輪などを装着しなければならないと記している。

　鉄道に関しては，2015年に，中国鉄路公司と中国障害者連合会の共同で「視覚障害旅客が盲導犬を携えて駅に入り乗車することに関する若干の規定（試行）」[28]の通達が出され，鉄道部門において視覚障害者が盲導犬を利用して列車に乗車する際の明文の規定が作られた。ただし，実際に鉄道を利用する場合には，原則，事前の手続きが求められている。視覚障害者は，チケット購入の際に盲導犬同行についての要望を説明するか，購入時に説明していない場合は出発12時間前までに鉄道旅客サービスセンターに電話することになっている。それもしていない場合は，駅に入ることはできるものの，乗車時に駅のスタッフに協力を求めることができるにとどまる[29]。こうした煩雑な手続きは，航空機の利用についても同様であり，そのことも関連して，障害者の航空機搭乗拒否が起こり問題となっている。

3-2　交通機関のアクセシビリティ―航空機搭乗―
　中国においても航空機への障害者の搭乗拒否がたびたび問題となっている。2011年に民間団体が24の航空会社の顧客サービス規定などを調査し

---

26)　2015年5月1日施行．
27)　北京市交通委員会「《北京市軌道交通運営安全条例》解読之三」（http://www.bjjtw.gov.cn/xxgk/zcjd/201605/t20160530_130035.html　2018年1月20日最終アクセス）．
28)　「関与印発《視力残疾旅客携帯盲犬進駅乗車若干規定（試行）》的通知」鉄総辦運〔2015〕60号，2015年5月1日施行．
29)　なお，乗車時間が12時間を超える場合は，盲導犬を同行していても，視覚障害者は単独では乗車できず，成人の同行者がいることが条件に付されている．

た結果，その多くが搭乗のための条件や拒否しうる場合の規定を有していた（深圳衡平機構2011, 1）。たとえば，障害者が航空機を利用しようとした場合，航空会社の9割が事前の申請を要求し，3割がチケット購入時に告知するよう求めていた。また，航空会社の半数が，ほかの乗客の反感を引き起こすかもしれないという理由で障害者の搭乗を拒否する権利があるという留保を規定していた。

調査報告は，新聞に掲載された障害者の搭乗拒否事件7件の拒否理由の主張は，事前告知がないこと（2件），病院等の証明書の提出がないこと（2件），「安全要因」（2件），高度なリスクのある病人を搭乗させる能力がないこと（1件）であったことを記している（深圳衡平機構2011, 1）。そして調査報告は，これら搭乗拒否事件は，ある場所の，ある航空会社がとった特殊な個別案件ではなく，普遍的に行われていたとし，航空会社は基本的に事前告知を求めるというスタンスに立っているとした（深圳衡平機構2011, 3）。

たとえば，調査報告でも言及されている2011年に昆明国際空港で起きた搭乗拒否事件は，事前に，搭乗者が，車いすを使用する障害者であることを告知しなかったことが，搭乗拒否の理由として挙げられている。この事件は訴訟に持ち込まれ，搭乗拒否にあった障害当事者は，空港の地上サービス会社と航空会社の2社を相手に，チケット代の倍返しと経済的損失，新聞の謝罪広告，訴訟費用の負担を求めて訴えた[30]。

原告の障害当事者は，車いすに座った障害者であることを理由に搭乗口の係員に搭乗を拒否され，チケットのキャンセルも変更も拒否され，予約したフライトに搭乗できなかったと主張している。それに対して，被告の空港地上サービス会社は，原告は下半身麻痺のある障害者であるにもかかわらず同行介助者がおらず，事前の申請プロセスも経ていなかったため，受け入れを手配することが不可能であり，搭乗拒否の権利を有すると反論した。また，もう一方の被告の航空会社は，原告は，航空券を予約する際

30） 雲南省昆明市官渡区人民法院（2011）官民一初字台3207号（2012年2月24日判決）。

に，下半身麻痺の障害者であることを告げず，故意に事実を隠蔽し，民航局の関連規定にある事前の手続きに従わなかったことが，搭乗拒否につながっていると主張した[31]。

一審の判決では，確かに，民航局制定の「障害者航空運輸規則（試行）」[32]は，障害者の旅客が1人で搭乗するために航空会社から専用のアイルチェアの提供などのサービスを受ける必要がある場合は，座席を予約する際，遅くとも搭乗便の出発時刻の72時間前までに申し入れをして，かつ，出発3時間前までに空港で搭乗手続をしなければならないと規定しているとした。しかし，本件については，旅客は，購入時に便名と価格の選択肢しか知らされておらず，民航局の要件は明示されていない。一方，運送契約に関して民法第289条は，公共運輸に従事する輸送業者は旅客の通常の合理的要求を拒絶してはならないと規定する。しかし，被告は，搭乗口において必要な協力もせずに原告の搭乗を拒否し，原告と約定した時間およびフライトで運送せず，これらは違約を構成するとした。そして，航空券の代金860元の返還と経済損失2000元の損害賠償の支払いを命じ，その他の請求は棄却した。

この事例では，障害者がすでに航空券を購入しており，航空券の購入の際に民航局の事前要件が明示されず，運送契約が成立していたため，障害者の主張が認められたものの，そもそも契約関係が存在していない場合は，障害者が航空機へのアクセスを拒否されても有効な法的手段はないとみられている（黎2016, 168）。なお，障害者のアクセシビリティにかかわる民航局の事前要件について，裁判所は有効であるとみていることがわかる。

この民航局の「障害者航空運輸規則（試行）」について，事前告知の要件と関連して，障害者の搭乗人数の制限も，搭乗拒否事件を惹起している。この事件では，武漢の旅行会社が組織した団体旅行の27人のろうあ者が，搭乗券を受け取った後に，航空会社から，障害者の乗客の定員上限

---

31) なお，航空券の予約購入は，友人に委託して入手している。
32) 中国民用航空局「残疾人航空運輸辦法（試行）」2009年。

を超えていることを理由に，搭乗を拒否されている。航空会社は，さらに関連規定により，サービスの質に影響を及ぼさないために，ろうあ者4名ごとに手話通訳者が1名必要であると主張した[33]。

「障害者航空運輸規則（試行）」は，「障害者運輸人数及び運輸拒絶の予防」の章において，航空機の大きさによって，同伴者がなく，他人の援助が必要な障害者が搭乗できる人数の上限と条件を定めている[34]。また，障害者団体へのサービス提供，アイルチェアの利用，盲導犬の同行，電動車いすの託送が必要な障害者は，フライトの72時間前までの座席予約時に申し出る必要があり，かつ，搭乗・降機で援助が必要な障害者は，フライトの3時間前までに搭乗手続を行わなければならないと定めている。

この規則は，その後，障害者権利条約や国際慣行を参照し，「障害者航空運輸管理規則」[35] に改正されたとされる。しかしながら，航空機の大きさによる障害者の搭乗人数の上限は変更されていない。条件については，同伴者がなく，「緊急待避時に」他人の援助が必要な障害者という表現に変わり，上限に算定される障害者が若干限定的になったようにみえるものの，実際の運用は不明である。また，事前の申し出についても，フライト48時間前の座席予約時，かつ，当日は搭乗手続締切の2時間前までとなり，改正前と比べ，事前申出の締切時間の要件が若干緩和されている。しかしながら，障害当事者は，これらの規定が存在すること自体が，交通機関等による不適切な運用や恣意的な搭乗拒否につながっていると批判する。

3-3 情報・コミュニケーションのアクセシビリティ―点字受験―

上述のとおり，2008年の障害者保障法の改正によって，アクセシビリティに関しては従来の物理的バリアに加えて，情報・コミュニケーション

---

33)「残疾人乗機有人数限制　聾唖人旅行団出遊登機被拒」(http://news.cnhubei.com/xw/sh/201405/t2942512.shtml　2018年1月15日最終アクセス)。

34)　座席数50～100席は2名，101～200席は4名，201～400席は6名，400席超は8名など。

35)「関与印発《残疾人航空運輸管理辦法》的通知」民航発〔2014〕105号。

のバリアフリーが盛り込まれた。このなかで，各種国家試験の試験用紙の点字化・電子化または職員による支援，公共サービス機構および公共の場所における，音声・文字，手話，点字による情報コミュニケーション・サービスの提供，選挙時の障害者参加の配慮および点字投票の提供などが新たに定められた。このうち，視覚障害者のための各種国家試験の点字化・電子化の規定は，法改正時のパブリック・コメントによって視覚障害当事者から寄せられた内容であり，点字による受験ができないため，これまで主たる職業としていた医療按摩の国家試験から視覚障害者が排除されることになってしまっていた現状を反映して追加されたものである（小林2010, 79-80）。視覚障害当事者の意見と視覚障害者の就労場所確保の意味から，この各種国家試験の点字化・電子化の規定のみが義務として定められており，その他は「条件を整える」「条件が備わった場合」などと記され，努力義務にとどまっている。視覚障害者のための各種国家試験の点字化・電子化などの義務は，障害者保障法をほぼ引き写す形で，2012年のバリアフリー環境建設条例に引き継がれた。

　2008年の障害者保障法はまた，大学は国家が規定する合格条件を満たす障害受験生の入学を受け入れ，障害を理由に入学を拒絶してはならないことを定めている。しかし，2011年に起こった視覚障害者の大学受験拒否事件はマスコミを賑わせ，障害を理由として受験そのものが拒絶されている現状を知らしめることになり，改正作業中にあった障害者教育条例草案のなかに新たな条文が加えられる契機となったとされる[36]。2013年に公開された改正草案では「教育試験機構，学校は，障害種別及び受験する専攻の要求にあわせて，合理的配慮と必要な支援を提供し，障害者が試験に参加する権利を保障しなければならない」ことを定めた[37]。

36）　視覚障害者の生徒が，北京市の高等教育試験機関から希望する専攻の受験について障害を理由に拒否された事件。この事件をきっかけに，障害者が参加する国家の各種試験を実施する機関はその者のために手配をしなければならないという条文が追加されたことを教育部法制辦公室副主任が明らかにしている（「盲人女孩考大学被拒引発《残疾人教育条例》修改」http://www.chinanews.com/edu/2011/12-18/3539765.shtml　2018年1月20日最終アクセス）。

こうした経緯があったにもかかわらず，2014年度の全国大学統一入試に向け，手続きが滞らないよう，あらかじめ関係部門に相談しに行った視覚障害者が，点字の試験用紙の準備ができないことを理由に受験の申込みはできないと拒絶される事件があり，障害当事者団体はこれを教育に関する重大問題であるとしてとりあげた（小林2015, 77）。その結果，教育部は2014年度の募集業務の指示のなかで，各レベルの試験機構は，障害者が等しく応募し，試験に参加できるよう配慮を提供することを初めて規定した[38]。視覚障害者が試験に参加する場合は，視覚障害受験生のために点字試験用紙，電子試験用紙あるいは専門のスタッフによる協力を与えることが改めて記された。各メディアは，これをもって視覚障害者は全国大学統一試験を受ける「通行証」を得たと報道した（解・蔡・傳2016, 24）。

　実際，2014年度の全国大学統一入試において，教育部門が初めて点字試験用紙の使用を認め，手配がなされ，1人の視覚障害者が受験することになった。これは歴史的な突破であると評価されているものの，法律が規定されてから実現するまで長時間を要したうえ，なお現実のニーズとは乖離しているとされる（解・蔡・傳2016, 25）。なぜならば，点字を習っていないその視覚障害受験生は，電子試験用紙を用いることを申請していたにもかかわらず，教育部門の判断は点字試験用紙の提供であったからである（解・蔡・傳2016, 60）。

　こうしたことがマスコミで報道されたこともあり，教育部と中国障害者連合会はこれに対処するため，2015年に「障害者の普通高等学校募集の全国統一試験参加の管理規定」の暫定版を発表し，2017年に正式に公布した[39]。ここでは，障害者教育条例で提供することを謳った，必要な支援条件と合理的配慮が，現場で実際に具体化されるよう詳細な内容が記された。規定では，試験を実施する機構は，試験の安全と試験会場の秩序を保

---

37)　2017年に改正された障害者教育条例では「国家教育試験に参加する障害者は，必要な支援条件や合理的配慮の提供が必要な場合，これを申請することができる。教育試験機構，学校は，国家の関連規定に基づいてこれを提供しなければならない」（52条）と規定された。
38)　「教育部関与做好2014年普通高等招生工作的通知」教学〔2014〕1号。

障する前提のもと，障害のある受験生の障害状況およびニーズならびに各地の実情に基づいて，1種または数種の必要な条件および合理的配慮を提供する旨が定められた。たとえば，視覚障害の受験生については，点字試験用紙，拡大文字試験用紙（拡大文字のマークシート用紙を含む）あるいは普通試験用紙が提供されるものとした。その際，点字試験用紙を使用する視覚障害学生の試験時間は，規定の試験時間の50％延長，拡大文字の試験用紙または普通試験用紙を使用する視覚障害受験生は規定の試験時間の30％延長など，試験時間の延長が認められることになった[40]。

このように社会に関心をもたれた問題についてはマスコミでとりあげられることによって，法律・政策の策定と不履行のサイクルが繰り返され，徐々にではあるがアクセシビリティに進展がみられるようになった。その結果，大学入試に関する，情報・コミュニケーションへのアクセシビリティの焦点は，願書提出や入学試験受験の段階から，大学入学後の合理的配慮の提供へと移ってきている。

おわりに

中国の障害者法制は，障害者権利条約に対応して整備され，障害者のアクセシビリティ保障の枠組みも，物理的環境，輸送機関，情報通信ならびにサービスを包含するものとなった。しかし，障害者保障法とバリアフリー環境建設条例は，障害者などの社会構成員が主体的に，道路，建築物，公共交通機関を利用し，情報やコミュニティ・サービスの獲得を推進することを明示したものの，アクセシビリティは権利としては打ち出され

---

39)「教育部・中国残聯関与印発《残疾人参加普通高等学校招生全国統一考試管理規定》的通知」教学〔2017〕4号。
40) その他の配慮として，聴覚障害受験生の外国語リスニング試験の免除，補聴器・人工内耳の許可，車いす・歩行器の使用，試験会場への優先入室，介助者・手話通訳者の配置などが例示されている。なお，管理規定では，「合理的配慮」（中国語：合理便利）とあるが，原則，リストから選択する申請書となっていることから，いわゆる合理的配慮というより，日本の大学入試センター試験における「受験上の配慮申請」に類似する。ただし，リストにないその他の配慮も記述することができる。

ていない。そのためか，義務化されたのは道路・建築物のバリアフリー化のみで，ほかは漸進的に進められることになり，違反に対する罰則や執行を担保する仕組みも弱い。

　それでも従前と比べ，バリアフリー化は進展してきている模様である。問題は，実施されているバリアフリー環境建設は，建設実績に主眼がおかれ，本来，障害者に便宜を提供すべきバリアフリー施設は，障害者の視点を欠き，その結果，障害者が使用できない「バリアフリー」施設になっていることがあることである。障害者の視点を欠くということでは，鉄道や航空機の利用にあたっての煩雑な事前手続も問題をはらんでいる。事前手続の要件に緩和がみられるとはいえ，これらの規定が存在すること自体，障害者に対する恣意的な利用拒否や誤った運用につながるおそれがある。アクセシビリティの保障は，障害者が主体的に社会参加していくための前提であるので，これらの問題を解消するためには，執行，救済，モニタリング過程において，より障害当事者の意見が反映されうる仕組みの構築が期待される。

〔参考文献〕

〈日本語文献〉
小林昌之編 2010.『アジア諸国の障害者法——法的権利の確立と課題』日本貿易振興機構アジア経済研究所.
——— 2015.『アジアの障害者教育法制——インクルーシブ教育実現の課題』日本貿易振興機構アジア経済研究所.
——— 2018.「中国」長瀬修・川島聡編『障害者権利条約の実施——批准後の日本の課題』信山社: 411-433.

〈中国語文献〉
鄭功成主編 2017.『中国残疾人事業発展報告（2017）』北京: 人民出版社.
国務院法制辦公室・住房和城郷建設部・工業和信息化部・中国残疾人聯合会編 2012.『無障碍環境建設条例釈義』北京: 華夏出版社.
焦艦・孫蕾・楊旻 2014.『城市無障碍設計』北京: 中国建築工業出版社.
解岩・蔡聡・傅高山 2016.『中国残障人観察報告 2014-2015』北京: 中国言実出版社.

黎建飛主編 2016.『残障人法教程』北京: 中国人民大学出版社.
凌亢・白先春等 2017.『中国残疾人事業発展報告 2006-2015』北京: 中国統計出版社.
劉連新・蒋寧山編 2014.『城鎮無障碍設計』北京: 中国建材工業出版社.
深圳衡平機構 2011.「残疾人乗機状況調査報告」.
全国人大常委会法制工作委員会行政法室編 2008.『中華人民共和国残疾人保障法解読』
　　　北京: 中国法制出版社.
全国人大内務司法委員会・中国残疾人聯合会編 2012.『「中華人民共和国残疾人保障法」
　　　立法後評価報告』北京: 華夏出版社.
夏菁・王興平・王乙喆 2017.「残疾人無障碍出行環境優化策略研究: 以南京市為例」高
　　　暁平・牟民生主編『残疾人発展理論研究』(巻 1) 南京: 南京大学出版社: 176-188.
一加一（北京）残障人文化発展中心 2012.「一加一報告: 聯合国《残疾人権利公約》中
　　　国実施状況」(http://www.ohchr.org/EN/HRBodies/CRPD/Pages/Session7.aspx ［邦
　　　訳：http://www.arsvi.com/2010/1203opo.htm］2018 年 1 月 20 日最終アクセス).
中国消費者協会・中国残疾人聯合会 2017.「2017 年百城無障碍設施調査体験報告」.
中国残疾人聯合会 2014.「2013 年度中国残疾人状況及小康進程監測報告」.
住房和城郷建設部・工業和信息化部・中国残疾人聯合会編 2010.『《無障碍建設条例》
　　　起草課題研究報告』北京: 華夏出版社.

[付記]
　　本研究の一部は JSPS 科研費 JP15H03285，JP16K03277 の助成を受けたものである。

第3章
バリアフリー化の三角形からみるベトナムのアクセシビリティ

上野　俊行

はじめに

バリアフリー[1]が用語として世界に発信されたのは，1974年の国連障害者生活環境専門家会議のことである（日比野1999, 206）。従来，同会議の報告書[2]においては，物理的障壁と社会的障壁について言及されていた。しかし，当時は物理的障壁に対するイメージが強く，主体を車いすの利用者，客体を建築物として，主体が客体にアクセス（利用）が可能な状態をバリアフリーと呼んだ。現代ではその用語の意味は拡大しており，バリアフリーの客体は建築物にとどまらず，制度，情報，人々の意識と社会全体に及び，同様に，バリアフリーを利用する主体も車いすを利用する肢体の不自由者だけではなく，視覚，聴覚の不自由者から高齢者，妊婦，子供，ベビーカーまで拡大されている。このように主体が広がったバリアフリーの設計をユニバーサルデザイン[3]という。

---

1) 日本の内閣府による2005年の調査では，「バリアフリー」という語句と意味の認知度は日本国民の84.1％であり，語句だけの認知度は93.8％にまで上る。
2) 日比野（1999）による。原文は *Barrier Free Design: Report of a United Nations Expert Group Meeting*。
3) 筆者の考えでは，ユニバーサルデザインの前提としてバリアフリーの概念が存在するため，「バリアフリーではなく，ユニバーサルデザイン」や「バリアフリーは古い語句」という考えは意味をなさない。

身近な日本の例を挙げると，2020年の東京パラリンピックを控えている近年では，日本国内におけるバリアフリーの用語に対する認識度は高い。しかし，エレベーターやスロープといったハードウェアのイメージが強く，障害者の要求に対して事業者側が提供するものとしてとらえられているのではないだろうか。このため，多くの事業者がバリアフリーのハードウェアを提供できるだけの経済力を有する先進国ほど，バリアフリーは発展しているととらえられ，バリアフリーとは経済力のみによってなされうると考えられがちである。このような考えは，多くの国々において共有されている。確かに，経済力はバリアフリー化への大きな要因である。しかし，東アジアの都市のバリアフリーの実地調査を行った結果[4]，経済力以外の要因もバリアフリーに対して大きな影響力を有していることが明らかになってきた。

　福祉先進国として，日本の模範となった北欧と米国におけるバリアフリーの形成（以下，バリアフリー化）の経緯に着目すると，以下のことが導き出せる。バリアフリー化は障害者と事業者の対立構造だけではなく，政府が関与する三者の構造であり，さらにこの三者からなる三角形に対し，社会が影響力を有する社会全体の大きな関係が浮かび上がる。この構造はまず，バリアフリーを需要する側である障害者から事業者へバリアフリー化を要求する一方で，バリアフリーを供給する側である企業が，少数の利用者のためのバリアフリー化はコストに見合わないと費用対効果（経済的効果）を理由に拒絶する（図3-1）。この障害者と事業者の対立構造に対し，社会は当初，事業者側を支持するか，あるいは傍観者であった。しかし，社会環境の変化に社会は影響を受け，障害者側の支持に変化する。この社会環境の変化とは，北欧の場合はベンクト・ニィリエやバンク・ミケルセンが牽引者となったノーマライゼーションであり，米国の場合は障害者の自立生活運動といえる。この意味において，日本の社会環境の大きな変化は高齢社会による高齢者人口の増加に伴うバリアフリー化である。

---

4) 筆者は，東アジアにおいて，ベトナムを中心に10年を超える実地調査を自己の車いすで行っている。

第3章　バリアフリー化の三角形からみるベトナムのアクセシビリティ

このような社会環境の変化により，政府がバリアフリーを法制化する一連の動きが存在する。つまり，バリアフリー化の法制には障害者，事業者，政府という直接のアクターが存在し，社会が傍観者から影響力ある観客となったときにバリアフリー化が実現する（図3-2）。図3-1から図3-2への一連の動きを経験したからこそ，バリアフリーの先進国においてはバリアフリーの議論が起きやすく，この議論を経てバリアフリーに対する社会の合意形成がなされやすい。筆者は図3-2の三者の関係をバリアフリー化の三角形と定義している（上野2018, 54-55）。

しかし，ベトナムの場合は，障害者は目立ったバリアフリーの要求をしておらず，このため障害者と事業者との対立構造も成立していなかった。この結果，ベトナムのバリアフリーは，政府が主導する形で導入され，社会の関与が低いまま法制化された。ベトナムのこのような社会的条件を考慮すると，ベトナムにおけるバリアフリー化を先進国の経緯と同様に考え，実現させることは容易ではない。したがって，ベトナムの環境に適合できるバリアフリー化を考える必要がある。

本章では，以上のことを念頭に，ベトナムにおけるバリアフリー化の三角形の三者の関係と社会の動きに着目し，ベトナムのバリアフリー化の経

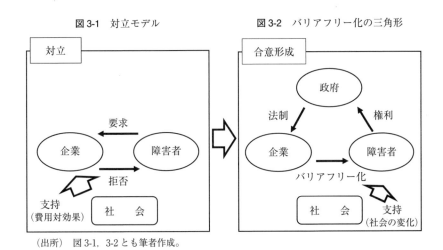

図3-1　対立モデル　　　　　図3-2　バリアフリー化の三角形

（出所）　図3-1, 3-2とも筆者作成。

緯が先進国と異なったことにより，バリアフリー化にもたらした影響とその課題を明らかにする。第1節では，バリアフリーの直接の需要者である障害者の状況を明らかにして，バリアフリーの必要性を述べる。第2節では，政府がアクセシビリティ関連法制を形成した過程をみていく。第3節では，ハノイとホーチミンにおけるバリアフリーの定点調査から，事業者が提供した現地のバリアフリーの実情をかんがみながら，その課題を論じる。

第1節　障害者の概況

1-1 障害者の割合

2009年のベトナム国家統計総局の統計データによると，バリアフリーの需要者であるベトナムの障害者の割合は，5歳以上の国民の7.8％であり，男性の障害者の割合は7.1％，女性の障害者の割合は8.5％である。地域ごとにみると，北中部と南中部沿海部[5]の障害者の割合はそれぞれ9.7％であり（Ban Chỉ đạo Tổng điều tra dân số và nhà ở Trung ương 2009, 7），ベトナム戦争時の激戦地域と重なることから傷痍兵や枯葉剤後遺障害者の影響が考えられる。

また，視覚，聴覚，運動，記憶の機能に関して，「障害がない」「軽度の障害」「中度の障害」「重度の障害」の4段階の基準で質問をし，「軽度の障害」以上の3つの段階を障害と呼んだ場合の統計数が発表されている。同統計によると，ベトナム国内の5歳以上の国民が有する障害の総件数は1210万件で，全国民に対する障害の件数の割合は15.5％という数値を示す。この内訳は視覚障害者が390万件（33％），聴覚障害者が250万件（20％），運動機能障害者が290万件（24％），記憶障害者が280万件（23％）である。また5歳以上の障害者の610万人に対し，障害の数は1210万件

---

5) 南中部沿海部はダナンとその周辺地域である。同地域は，ベトナム戦争の南北の国境に近い地域であったこともあり，戦争の被害が深刻であった。

であることから，重複障害者の割合も高いことを意味している（Ban Chỉ đạo Tổng điều tra dân số và nhà ở Trung ương 2009, 6）。

しかしながら，この数値は国家統計総局が配った質問票に回答する形であり，障害者の自己申告である。このような自己申告に対し，2011年より施行された障害者法第3条2項において，障害者を特別重度，重度，軽度の3段階に区分している[6]。さらに，この区分の認定は同法第Ⅱ章「障害の認定」として条文が定められている。同法第16条1項では，医学判定評議会は，各行政区域における人民委員会主席により組織されることが記されている。「障害者法の一部条文の細則と実施ガイドライン」（以下，細則（議定））第4条3項では，a）特別重度障害者は日常生活動作ができないか，あるいは労働能力の81％以上が低下している状態，b）重度障害者は介助者，一部介助器具により日常生活動作が可能か，労働能力の61％から80％までが低下している状態，c）軽度障害者は日常生活動作が可能か，あるいは労働能力の60％以下まで低下している状態とし，医学判定評議会により決定される。この判定に基づき，地方公共団体は登録者に対し，登録区分に応じた生活補助の支給を行う[7]。

以上が，国家統計総局によるデータである。なお，2016年9月23日付の，国家統計総局総局長による「障害者に関する調査施行」決定（656/QĐ-TCTK）によると，2016年11月15日より1カ月間の調査がすでに行われている。この調査結果が公表されたならば，2009年に発表された自己申告による障害者の割合と障害の件数がより専門的なものに更新される可能性は高い[8]。

---

[6] ベトナム戦争終結後の傷痍兵に対しては，これとは別に保健省より1976年に通知「Về việc ban hành tiêu chuẩn thương tật và tiêu chuẩn mất sức lao động」［傷病の基準と労働力喪失の基準の公布について］（32-BYT/TT）を発布し，労働力を測る基準として同様の3段階の基準を設けている。

[7] 筆者は，2013年10月にベトナム戦争における傷病兵のインタビューを行ったことがある。国家の功労者として優遇措置のある退役軍人であった。しかし，歩行がまったくできないにもかかわらず，筆者のインタビューの前日まで車いすの支給を受けられていなかった。国内の障害者の数が多いため，国家の予算だけでは車いすの支給を行えないということだった。

1-2 障害者の社会参加

　本章の論点であるアクセス法制を移動の観点から考え，多くの障害者が自宅からどのような移動手段を用いて社会参加しているかをみていく。公共交通機関に関しては，第3節で詳細にみていくので，本項では障害者個人の移動手段について述べる。

　障害者個人の障害の程度にもよるが，障害者が単独で移動することは容易ではない。このため，障害者は移動手段を個々に確保する必要がある。先進国の事例では，障害者は個人の移動手段として自家用車を改造し，自ら運転することが一般的であるが，ベトナムにおいては個人の自動車所有はまだ普及していないため[9]，障害者の自動車所有は現実的ではない[10]。タクシーも手軽なように思えるが，物価から考えると運賃は高額であり，日常の交通手段として考えることは現実的ではない。以上のような環境で，障害の程度が軽度である場合，後輪が2つある三輪バイクが主な移動手段になる（**写真3-1**）。三輪バイクには，車体にフック状のものが装着されており，そこに車いすあるいは杖を掛ける形となる。杖を利用する障害者の場合，杖を先に装着してからバイクへ独力で騎乗することが可能である。車いすを利用する障害者の場合，独力で同バイクに移乗した後，街中の近くにいる通行人に声をかけて，車いすの装着の介助を頼む。しかし，障害が軽度ではなく，三輪バイクを運転できない障害者の場合，バイクタクシーを利用する事例が多いという[11]。また，細い路地に入っていくこと

---

[8] 2017年12月現在，国家統計総局より新たな発表はない。
[9] 国家統計総局の2010年のデータでは，ベトナム全体で世帯ごとのバイク所有率が96.1％であるのに対し，自動車の所有率は1.3％である（Tổng Cục Thống kê 2010, 353）。
[10] 2009年3月，筆者はホーチミン3区の障害児職業訓練学校で障害児に対し講演した。日本の重度障害者の自立の過程を映像で紹介し，重度障害者の社会参加の可能性を伝えることが目的であった。しかし，フロアからの最初の意見は，ベトナムの障害者が自動車を所有することは難しい，というものであった。
[11] 重度の車いす利用者であるため，本人が1台のバイク，車いすをもう1台のバイクという形で，2台のバイクタクシーを利用していた障害者もいた。ベトナムの配車アプリは普通車だけではなく，バイクも手配する。また，宅配も行う。

ができるバイクタクシーは，視覚障害者にとってドア・トゥ・ドアのサービスに相当する[12]。

ベトナムにおいて，障害者が集まって障害者団体として組織化されたのは，ここ10年来のことである[13]。これまで筆者が行ったいくつかの団体における障害者の移動に関するインタビューでは，彼らは公共バスが利用できるようになることを望んでおり，すでにその要望書を政府に提出していた。しかしながら，実現できない現実を受け入れ，政府が実行するのを待つだけで，これ以上の要求はしないという立場であった[14]。

このような潮流に対し，2010年10月14日，障害の種別を超えて障害者団体が連合したNGO組織としてベトナム障害者連合会（Vietnam Federation on Disability: VFD）が成立した。VFDの目的は，障害者団体全体と政府の橋梁的存在であり，障害者団体が抱える問題や意見を取りまとめて，政府に対し要求することである。同団体の実績として，ハノイにおける車いすでも乗車することができるバリアフリーバスの導入（2016年11

写真 3-1　三輪バイク（筆者撮影）

---

12)　筆者による視覚障害者へのインタビュー。
13)　2016年12月19日，筆者によるハノイ障害者協会（Hanoi Disabled People Association: DP Hanoi. 以下，DPハノイ）副会長（当時。現会長）ファン・ビック・ディエップへのインタビュー。
14)　筆者が2011年に行ったDPハノイのズゥオン・ティ・ヴァン前会長とDRDのグエン・タイン・トゥン幹事へのインタビュー。なお，DRDとはDisability Research & Capacity Developmentの略で，ベトナム南部最大の障害者団体である。

月),航空会社の割引運賃の導入(2016年10月)が挙げられる[15]。障害者の活動が顕在化し,事業者側もその要求に応え始めた社会構造に変化しつつあるといえる。

第2節　障害者とバリアフリーに関する法制度

　ベトナムは国際法である国連障害者権利条約(Công ước Quốc tế về Quyền của Người Khuyết tật)に2007年10月22日に署名し,2014年11月28日に批准している。批准するまでに7年あまりの時間を要したことについて,同条約に照らしあわせて,国内法などを慎重に研究・検討していたからだという[16]。同条約に批准すると,批准の年より数年内に国連の障害者権利委員会による条約の遵守状況の審査を受けるため,批准は形式的なものではない。以下では,批准までに検討されたベトナムの国内法における障害者とバリアフリーに関連する条文をみていく。

2-1 憲法

　ベトナムの現在の憲法(2013年憲法)は,1992年憲法から改正されたもので,2013年11月に発布されたものである。本憲法において,障害者に言及した条文は2つあり,第59条で障害者が社会福祉と社会保障を受けること,第61条で障害者の教育の便宜を図ることを定めている。

2-2 障害者に関する法令 (Pháp lệnh về người tàn tật, 06/1998/PL-UBTVQH10)

　障害者に関する法令[17]が施行された1998年11月1日の時点で,バリ

---

15) 2016年12月19日,VFDにて筆者によるVFD総書記長代理ダン・ヴァン・タインへのインタビュー。
16) 2016年12月20日,筆者による障害研究の専門家グエン・ゴック・トアンへのインタビュー。

アフリーを定義する語句がベトナムにまだ存在していなかった。このため，同法令第26条においては，「公共施設，交通機関を障害者にとって便利なものにする」と規定している。このように「障害者にとって便利なものにする」という表現を用いることにより，バリアフリーの環境を整えることを指示した。

2-3 建設省の決定

建設省は，2002年1月17日付の「一連の技術基準と規範」決定（01/2002/QĐ-BXD）により，「障害者のアクセスを保障するための建設工事規範」（QCXDVN 01），「住居と公共施設：障害者のアクセスを保障するための建設工事規範の基本原則」（TCXDVN 264），「道路と舗道：障害者のアクセスを保障するための建設工事規範の基本原則」（TCXDVN 265），「住居：障害者のアクセスを保障するための建設工事要綱」（TCXDVN 266）を公布した。これらの規範において，バリアフリーを表現する語句である tiếp cận（漢字では「接近」が相当）がベトナムで初めて使用されている。ただし，この時点では，建築物に関する規範であることから，物理的障壁に対するバリアフリーの意味である。なお，同決定は2014年12月29日の建設省の通知（21/2014/TT-BXD）により，「障害者のアクセスを保障する施設工事に関する国家技術基準」（QCVN10: 2014/BXD）に改正されている。

2-4 障害者法（Luật Người khuyết tật 51/2010/QH12）

2011年1月1日に施行（2010年6月17日制定）された障害者法[18]は53の条文からなり，同法第2条8項において，バリアフリーを意味する tiếp cận を定義している。この条文のバリアフリーの客体は社会全体に拡大されている。とくに，第7章「集合住宅，公共施設，交通，情報技術，通信」において，建物のバリアフリー（39条，40条），交通のバリアフリー

---

17) 法令は，国会の決議によって採択された立法計画に基づいて，規定したものである。一定の施行期間を経た後，法律として制定され直すことが予期されているため，法令は暫定施行法的性格を有している（渡辺 2000, 54-55）。

18) 同法の施行により，「障害者に関する法令」は効力を消滅している。

（41条，42条），情報のバリアフリー（43条）と具体的にバリアフリーの対象を示している。障害者法の内容は 2010 年 6 月 17 日には明らかになっており，この条文の内容を実行させるために，政府はベトナム労働・傷病兵・社会省（Ministry of Labour, Invalids and Social Affairs: MOLISA）の提案を受け，2012 年 4 月 10 日に細則（議定）[19] として，建物と交通機関のバリアフリー化に対する一般規定を公布し，障害者法の実施の手順を示している。以下では，障害者法の第 39〜43 条をみていく。

第 39 条の新規の集合住宅と公共施設の規定では，新規の集合住宅，職場の事務所，公共のインフラ施設に対し，国家が規定するバリアフリー基準[20]の遵守を求め，建築許可，建築確認について規定している（1 項）。障害者法施行以前に建築された第 1 項の建築物がバリアフリーではなかった場合については第 40 条で別途定めている（2 項）。

不特定多数の利用者がいる新規の公共建築物はバリアフリーであることを謳っており，この条文に強制力をもたせるために，設計段階でバリアフリーではない公共建築物に対して建築許可が下りないようになっている[21]。

第 40 条の公共住宅と公共施設の改築の手順に関する規定では，障害者法が施行する以前のバリアフリーではない建築物に対して，官公庁，駅，停留所，病院，学校，体育館などの公共建築物は 2020 年 1 月 1 日までにバリアフリー化の改修をしなければならず（1 項），集合住宅，事務所，

---

19) 2012 年 4 月 10 日，政府より細則（議定）として「Quy định chi tiết và hướng dẫn thi hành một số điều của Luật người khuyết tạ」［障害者法の一部条文の細則と実施ガイドライン］（28/2012/ND-CP）を発布している。35 カ条からなる内容の規定となっている。なお，ベトナムにおいて，「議定」（ND）は日本の政令に近く，国家，経済，社会の管理の要求を満たすために必要不可欠な事項を暫定的に規定したものが多い。施行後，条件が整ったときに法律または法令の形で制定されることが予期されている（渡辺 2000, 56-57）。

20) 2014 年 12 月 29 日に建設省より通知として「Quy chuẩn kỹ thuật Quốc Gia về xây dựng công trình đảm bảo người khuyết tật tiếp cận sử dụng」［障害者の利用を保障する施設の建築に関する国家技術基準］（QCVN10/2014/BXD）を発布しており，これに具体的に書かれている。

21) 2016 年 12 月 20 日，筆者による障害研究の専門家グエン・ゴック・トアンへのインタビュー。

都市インフラ，社会インフラなど，第1項に含まれていない公共建築物[22]は2025年1月1日までにバリアフリー化の改修をしなければならない（2項）とされている。第1項と第2項の詳細は細則（議定）に定められている（3項）。

　障害者法施行以前のバリアフリーではない建築物に対し，バリアフリー化の改修の義務を負わせた条文である。第3項で述べられている詳細は細則（議定）において，改造のための詳細な手順が定められている。なお，本条文に関係する建築物のバリアフリー化は，細則（議定）第13条において，2015年までに第1項に定める公共建築物の少なくとも50％，2017年までに第1項に定める公共建築物の少なくとも75％，2020年1月1日までに第1項に定める公共建築物を100％バリアフリー化することを求めており，さらに2025年1月1日までに，国内のすべての公共建築物をバリアフリー化することを求めている。

　第41条は，障害者が交通機関を利用する際の規定である。障害者が個人で交通手段を利用する際には，その交通手段は国家の技術基準[23]と障害者の健康状態に適していなければならない（1項前半）。個人の交通手段が運転免許を要求する場合は，障害者は同交通手段の教習を受け，免許を交付されなければならない（1項後半）。障害者が公共交通機関を利用する

---

22) 具体的に記載されていない公共建築物として空港が挙げられる。2003年に筆者はホーチミンの空港で，機内の通路が狭く車いすでは移動ができないといわれ，床の上を毛布で引きずられる形で機内を移動し地上に下りた。すると，地上にはアイルチェア（機内の狭い通路用の車いす）がおかれてあった。迎えにきた空港職員がアイルチェアに対する知識を有しておらず，使用しなかったのである。2007年には対応が改善されており，そのようなことはなかった。しかし，2017年であっても，ベトナムの空港で昇降車を有するのは3カ所（ハノイ，ホーチミン，ダナン）だけであり，地方都市の場合，国際空港であっても空港職員たちの介助により，飛行機のタラップを上り下りすることを告げられる。

23) 2012年9月24日に，交通運輸省より通知として「Hướng dẫn thực hiện quy chuẩn kỹ thuật quốc gia về kết cấu hạ tầng giao thông, công cụ hỗ trợ và chính sách ưu tiên người khuyết tật tham gia giao thông công cộng」［公共交通を利用する障害者の交通インフラ，介助機器，優先政策に関する国家技術基準を実現させるガイドライン］（39/2012/TT-BGTVT）を発布しており，具体的な内容に踏み込んでいる。

際には，介助機器をもち込むことができる（2項）。特別重度障害者と重度障害者は一部の公共交通機関の利用の際に，サービスを受けることができる（3項）。障害者は公共交通機関を利用する際，乗車券，介助，優先席のサービスを受ける（4項）。

　本条文の第2項から第4項までは，障害者が公共交通機関を利用できるようにする規定である。これに対し，第1項は障害者が個人として利用する移動手段に対して，車両本体の技術基準と障害者の適正に相応しいものを求めている。なお，本法が施行された当時は，障害者の個人の移動手段として三輪バイクが想定されていた[24]。2017年に発布された通知[25]では，障害者も自動車の運転免許の取得が可能になっている。

　第42条は，公共交通機関に対する規定である。各種公共交通機関は，障害者のために優先席，乗降の介助機器あるいは相応の介助を与えなければならない（1項）。障害者が利用する際のアクセスに関しては国家基準を満たさなければならない（2項）。交通事業者は，政府が定めた時期に従い，国家基準を満たさなければならない（3項）。バリアフリーに関する国家基準を満たした場合，支援，税制上の優遇措置を受けられる（4項）。

24）　2011年の「Quy chuẩn kỹ thuật quốc gia về chất lượng an toàn kỹ thuật và bảo vệ môi trường đối với xe mô tô, xe gắn máy」［普通バイク，原動機付バイクに対する技術安全品質と環境保全に関する国家技術基準］（QCVN14/2011/BGTVT）を指している。同技術基準では，三輪バイクの基準に対し，付録として挿絵を掲載して解説している。なお，同技術基準は，2015年に更新されている（67/2015/TT-BGTVT）。

25）　2017年2月10日，交通運輸省より通知として「Quy định về đào tạo, sát hạch, cấp giấy phép lái xe cơ giới đường bộ」［原動機付車両の教習，考査，免許発給に関する規定］（12/2017/TT-BGTVT）を発布しており，同通知において，2017年6月1日より一定基準を満たした障害者に対し自動車免許証を発行することが認められた。ベトナムにおいて障害者の自動車免許を認めた最初の通知である。この一定基準について，2015年8月21日に，交通運輸省と保健省の共同通知として「Quy định về tiêu chuẩn sức khỏe của người lái xe, việc khám sức khỏe định kỳ đối với người lái xe ô tô và quy định về cơ sở y tế khám sức khỏe cho người lái xe」［運転者の健康基準，自動車運転者に対する定期健診，運転者のための健康検査を行う医療機関に関する規定］（24/2015/TTLT-BYT-BGTVT）を発布し，同通知において，免許取得の条件としての健康状態が明記されている。

第43条は，情報通信技術の条文で，視覚障害者や聴覚障害者への情報バリアフリーに関連する規定である。官公庁，団体，企業，個人に対し，視覚障害者と聴覚障害者への通信手段における情報のバリアフリーを促進している（1項）。テレビ局は情報通信省大臣の規定に従い，放送番組に障害者向けのベトナム語字幕と手話の放送を行う責任がある（2項）。視覚障害者向けの点字を印刷した書籍，聴覚・言語・知的障害者が読める音声のある書籍を収集，編集，出版する活動に対し支援や税制上の優遇措置を行う（3項）。

　現在，ベトナムの点字に関しては，ベトナム全国で統一化の動きがあり，情報バリアフリーをめざしている段階である。手話通訳のあるニュース番組は，1日に30分放送されている。しかし，その手話は南北で統一されていないという[26]。また，テレビ番組のなかには，社会で活躍している障害者を主人公にした情報番組もあり，障害者のニーズも高いのだが，このような番組に対しても手話や字幕は準備されておらず，視覚障害者向けの副音声放送は言及もされていない状況である。民間レベルでは，DAISY[27]の教科書など，近年，一般書籍の出版へ向けた動きがある[28]。

　以上が，ベトナムの障害者法におけるバリアフリーに関連する条文である。ベトナムの障害者からは，「障害者に関する法令」は障害者を中心に据えた医学モデルに近いが，「障害者法」は障害者とその周囲の環境にも言及しているため，社会モデルに近い印象であるという意見も聞かれた。法令はバリアフリーに関するガイドラインのようなもので，実際のバリアフリー化は事業者に一任されていたが[29]，法令から障害者法に格上げされたことにより罰則規定も加わったため，政府から事業者に対するバリアフ

---

26) 2017年9月30日，ホーチミンのカフェにて筆者によるホーチミン師範大学の特別教育担当講師へのインタビュー。北と南では，手話の語彙の4割程度が異なるという。このため，北と南のテレビ局がそれぞれ1日30分の手話通訳放送を行っている。このような状況で，南北の聴覚障害者間の手話によるコミュニケーションの成立は，個人の手話のスキルによる。なお，ベトナム国内で手話を統一する動きはないとのことだった。

27) Digital Accessible Information SYstem の略。視覚障害者向けの音声による文書。

28) 2016年12月21日，筆者による障害者へのインタビュー。

リー化の強制力を感じるという。

2-5 障害者を表す語句
　1998年に施行された「障害者に関する法令」や古い文献等[30]では障害者をngười tàn tậtと表し，2007年に承認した障害者権利条約と2011年より施行された障害者法においては障害者をngười khuyết tậtと表記している[31]。現在では，障害者法第2条1項において，障害者の語句はngười khuyết tật[32]と定義されたため統一されている。統一されるまでに，以下のような経緯がある。
　2006年7月，条文における語句の統一のために開催された「障害者に関する概念と術語の会議」（Hội thảo Khái niệm và từ ngữ về Người tàn tật）では，関係省庁だけではなく障害者団体の代表者たちが参加し，障害者本人の意見も聴取された。同会議に参加したベトナム人障害者の説明によると，tàn tật（漢字では「残疾」が相当）は身体に深刻で否定的な意味が伴うため無能力さを感じ，一方，khuyết tật（漢字では「缺疾」が相当）は身体の欠損という意味であるため，一部の機能が欠けていても人間としての可能性を感じられるという理由からkhuyết tậtを支持したということである。2009年7月15日のMOLISAによる「障害者に関する法令と関連文書の実施状況の総括」（62/BC-LĐTBXH）の第3部「障害者に関する法令を改善する建議」の「Ⅱ法制定内容の提出　1.対象，範囲」において，

---

29) 法令と法律の関係については（注17）を参照のこと。2016年12月21日のDPハノイ，2017年10月2日のDRDへのインタビュー，および2017年11月10日の障害者自立生活センターでの筆者の調査による。法令である期間は，バリアフリーの定義もなく，「障害者にとって便利なものにする」という表現であったため，この解釈は事業者の裁量による。筆者の経験からすると，「みんなで車いすを担ぐから大丈夫」というバリアフリー化もベトナムでは珍しくない。
30) 2001年にハノイで開催された"RNNキャンペーン2001ハノイ会議"において，チャン・ドゥック・ルオン国家主席（当時）が演説の際，「người tàn tật と người khuyết tật の皆さん」という呼び方を何度も使用していたという記録も存在する。
31) 障害者に関しては，日本国内でも表記上の「害」「碍」「がい」という問題がある。近年の行政機関の文書では障害当事者という記述が多い（長瀬2016）。
32) ngườiは「人」を表す。

すべての法律文書内の用語として障害者を người khuyết tật に統一して使うことを確認している。

第3節　バリアフリーの現状

　政府が法制化したバリアフリーに対して，事業者はどのように対応しているのかを具体的にみていき，ハードウェアの現状を示すことで，ベトナムにおけるバリアフリー環境の問題点を明らかにする。

3-1　駅と鉄道

　数年前に改造するまで，ハノイ駅とサイゴン駅（ホーチミン）ともに駅舎は階段だけであり，また，駅にはプラットホームがなかったため，地上から車両に乗車する形であった（**写真3-2**）。このように，両駅はバリアフリーではなく，障害者の乗車は容易ではなかった。現在のハノイ駅は車両の乗降口の高さまでプラットホームが嵩上げされており，スロープも設置されたので，車いすの利用者も列車へアクセスできる。ただし，ハノイ駅の場合，地上からプラットホームまで車いすでアクセスできるのは10本ある線路のうち，手前の1本だけであり，ほかの9本に関しては階段だけである（**写真3-3**）。一方のサイゴン駅は，車いすの利用に際して問題はない（**写真3-4, 3-5**）。さらに，サイゴン駅構内には障害者用の窓口も設置されている（**写真3-6**）。ただし，ベトナムの列車の車両は車いすのまま乗車できるまでにはバリアフリー化されていない[33]。

---

33) この点を，2017年9月にサイゴン駅の障害者用窓口で問い合わせたところ，障害者の乗車口から座席までの移動をサイゴン駅の職員が介助するが，駅同士の連絡システムが確立されていないため，降車の際は同行の介助者が降車駅で職員に介助を頼みに行く必要があるとのことだった。なお，この障害者用窓口は2017年11月のハノイ駅には存在していなかった。また，細則（議定）第14条は，2015年までに南北を結ぶバリアフリーの車両を1日に最低1回運行させる内容であったが，まだ実現できていない。

写真 3-2　2009年のサイゴン駅には，プラットホームが存在していない（筆者撮影）

写真 3-3　ハノイ駅の嵩上げされたプラットホーム。写真の右奥にある階段を上り，ほかのプラットホームへ移動する（筆者撮影）

写真 3-4　サイゴン駅の嵩上げされたプラットホーム（筆者撮影）

写真 3-5　サイゴン駅ではすべてのプラットホームが地上からアクセスできる（筆者撮影）

写真 3-6　サイゴン駅の①窓口は障害者優先窓口（筆者撮影）

3-2 公共バスと停留所

鉄道と異なり，ハノイ，ホーチミンともにバスに関してはバリアフリーに関する試みが行われてきているので，細かくみていく。

ハノイでは，2007 年に車いすのままバスに乗車する実験が始まった。しかしながら，同バスを利用する車いすの乗客がいなかったため，1 年後には実験を中止している[34]。障害者の利用者がいなかった理由として，その実験用に改造されたバリアフリーバスの床が地上から高い位置にあり，その床へアクセスできるだけの都市インフラが当時のハノイには整っておらず，車いすで乗車することが物理的に難しかったことがある。さらに，ベトナムにおいて現在のような公共交通機関としての乗合バスのシステムが始まったのは 2000 年前後であった。このため，バリアフリーの実験当時の 2007 年，ベトナム人は個人でバイクを利用することが日常的であり，公共バスに乗り合う慣習が根付いていなかったという文化的な側面も理由として挙げられている[35]。

ハノイでは，バリアフリーバスの実験の再開がないまま数年が経過した後，2016 年 11 月にワンステップバスを新規に数十台導入した。同バスの運転手によると，「以前の狭い乗降口の 2 ステップバスの場合，障害者の乗客は車いすのまま乗り込むことができず，障害者を抱きかかえて座席にまず乗せてから，車いすを折りたたんで積み込んでいた」という。それと比較して，「ワンステップバスは乗降口のスペースが広くなったため，車いすの乗客を車いすのまま乗降させる介助をしやすい。さらに，車いすをおくスペースが（国際シンボルマーク付きで）確保されているため，以前から比べると進歩である」とのことだった[36]。しかしながら，バリアフリーバスの導入の働きかけを行っている VFD によると，ワンステップバスはほかの乗客を含めて多大な介助を必要とするため，同団体が想定する

---

34) 2010 年建設省官僚にインタビューしたところ，実験の中止であって，失敗ではないため，今後実験を再開するとの回答であった。
35) 2016 年 12 月 20 日，筆者による障害研究の専門家グエン・ゴック・トアンへのインタビュー。
36) 2016 年 12 月 17 日，筆者によるバスの運転手へのインタビュー。

バリアフリーバスの基準を満たしていない，とのことだった[37]。このため，VFD は今後も政府に要求を続けていくとのことである。現在のハノイは，2017 年 11 月に欧州の基準を満たした初の低床バスが 15 台購入され，運行している[38]。

一方，ホーチミンでは，バリアフリーバスの形態は変化しながらも，ホーチミン市内を継続して走っている。かつては，ベンツ製のリフト式バスが走っていた時期もある（**写真 3-7～3-9**）。しかし，現在では介助機器をはずされた状態のバスが運行している。利用者がないとみられ，介助機器は不要なものとして撤去された可能性もあると考えられる[39]（**写真 3-10**）。現在のホーチミンでは 2013 年に導入されたヒュンダイ製のノンステップバスが 104 号線と 33 号線で運行している[40]。

3-3 ハノイの BRT と駅

BRT はハノイ市内の渋滞緩和を目的に，2017 年 1 月 1 日に正式に運行を開始した（**写真 3-11**）。しかし，都心部の渋滞の多い地域に BRT の路線を設置したことにより，逆に渋滞を悪化させているという住民の意見もあり，ハノイ市民は賛否両論である。

---

37) 2016 年 12 月 19 日，VFD にて筆者による VFD 総書記長代理ダン・ヴァン・タインへのインタビュー。
38) "Hà Nội: Thay mới xe buýt hiện đại trên tuyến số 03 và tuyến số 25"［ハノイ：03 番路線と 25 番線に現代型バスの導入］(https://baomoi.com/ha-noi-thay-moi-xe-buyt-hien-dai-tren-tuyen-so-03-va-tuyen-so-25/c/23853582.epi 2018 年 11 月 5 日最終アクセス)。2017 年 11 月 13 日に行った筆者による実地調査。なお，同日筆者がハノイ障害者自立生活センターでインタビューをした障害当事者グエン・ビック・トゥイによると，同バリアフリーバスは郊外を走っているため利用機会はなく，実用的ではないとのことだった。
39) バリアフリーバスの導入に否定的な事業者側の意見としては，利用者が少ないため無駄になるということだった（2012 年 8 月，筆者によるホーチミンでのインタビュー）。
40) 同バスの導入に関して，DRD は詳細を知らされていなかったという。なお，新たなノンステップバスの購入による，運行路線決定のための会議が 2017 年 10 月にホーチミンで開催され，DRD も出席した。しかし，その後の進展はない（2018 年 3 月，筆者による DRD へのインタビュー）。

第 3 章　バリアフリー化の三角形からみるベトナムのアクセシビリティ

写真 3-7　ベンツ製リフトバス（筆者撮影）

写真 3-8　前向きのリフト乗車は前輪部分がはみ出し，危険が伴う（筆者撮影）

写真 3-9　後ろ向きのリフト乗車も安全ではないが，近くに居合わせたバイクタクシーの運転手たちが介助のために集まってきた（筆者撮影）

写真 3-10　2017 年のベンツ製のバリアフリーバスからは介助機器が取りはずされて，座席が装着されていた。座席の横に国際シンボルマークが残り，入口にはリフトの跡がある（筆者撮影）

写真 3-11　BRT の正面（筆者撮影）

写真 3-12　アクセシブルな BRT の乗車。始発の Kim Ma 駅（筆者撮影）

99

BRT は車いす向けの乗降口(**写真 3-12**),車両と平坦なプラットホーム[41],視覚障害者向けにホームドアと点字ブロック,聴覚障害者向けに電光掲示板を設置しており,同社のホームページではバリアフリーであることを謳っている。BRT の車両は,車いすの利用者にとって,一般のバスよりも乗降が容易であるため,駅舎とその周辺のバリアフリーを確立させることにより,車いすの利用者はバリアフリーの動線を描けるようになる。しかし,全 22 の停車駅の半分近くはバリアフリーと判断できない[42]。駅からの横断歩道付近に物理的バリアが存在するため,横断歩道に

写真 3-13 BRT の駅から出るとバリア①
(筆者撮影)

写真 3-14 BRT の駅から出るとバリア②
(筆者撮影)

写真 3-15 BRT の駅から出るとバリア③
(歩道橋)(筆者撮影)

---

41) BRT の車両とプラットホーム間に段差があった駅も 2 カ所存在した。この 2 つの駅のバリアは,BRT の公開試運転時,障害者団体より指摘を受け,後から改造されている。

100

アクセスできなかったり（**写真 3-13，3-14**），駅の出口の先に歩道橋があるため，車いすはそれ以上移動することができなかったりする（**写真 3-15**）。また，同社のホームページでは，障害者を表す語として người tàn tật を使用[43]していることからも，障害者への理解が十分とはいえない。

3-4 タクシー

障害者が利用しやすいように，タクシー運転手に障害者の乗降を介助するための訓練を受けさせた Thành Công タクシーがハノイに存在する[44]。同社は会社の事業方針として障害者の社会参加への支援を打ち出しており，2015 年よりハノイ障害者自立生活センターと契約を行った[45]。同社のタクシー車両には，国際シンボルマークが表示されており，障害者支援の意識がみられる。同社のタクシー運転手に話を聞いたところ，今後車いすごと乗車できるタクシーの運行を計画しているとのことだった[46]。

3-5 不特定多数者のための公共施設

ハノイには，2013 年にオープンした東南アジア最大の商業施設が存在する。しかし，車いすでアクセスするには不便であり，バリアフリーとは呼べない設計であった。2016 年にも調査したが，3 年余りが経過してもバリアフリー化への改善はされていない[47]。このような建築物であっても，

---

42) 2017 年 11 月 12 日，筆者の実地調査による。
43) 質問に対する回答で使用している（http://hanoibrt.vn/vi/hoi-dap　2017 年 12 月 25 日最終アクセス）。
44) 2016 年 12 月 19 日，VFD にて筆者による VFD 総書記長代理ダン・ヴァン・タインへのインタビュー。
45) "Taxi Thành Công đào tạo kỹ năng phục vụ người khuyết tật Thành Công"［タクシーが障害者サービスの技術養成］(https://thanhcongtaxi.com/thanh-cong-tren-bao/thanh-cong-taxi-trien-khai-dao-tao-lai-xe-ky-nang-phuc-vu-nguoi-khuyet-tat.html　2018 年 12 月 8 日最終アクセス)。
46) 2017 年 11 月 13 日，筆者の調査による。なお，2018 年 12 月に調査した際の同タクシー会社の回答は，2018 年 9 月にほかのタクシー会社 3 社と業務提携が始まったため，提携前の同社のその計画は保留中ということであった。
47) 2016 年 12 月 17 日，筆者の調査による。

バリアフリーと判断されている。バリアフリーの設計ではないと建築許可が下りないにもかかわらず，このようなバリアフリーとは呼べない建築物ができることについて，障害者団体は2つの可能性を指摘する。1つ目は，建築許可を出す機関がバリアフリーを十分には理解していないこと。2つ目は，建築許可が下りた後に，事業者がコストを抑えるため，設計に変更を加えていることである[48]。

ホーチミンでは1区の官公署関係は歴史的建築物を使用しており，改修工事が行われたが，バリアフリー化の工事は行われていない。また，バイク進入防止のための柵が歩道に存在し，車いすや視覚障害者にとってのバリアとなっている（**写真 3-16**）。

写真 3-16　1区の歩道の柵（筆者撮影）　　写真 3-17　グエンフエ通りの音の出る信号機（筆者撮影）

---

48)　障害者団体や障害当事者へのインタビューによる。

3-6 障害者権利条約の批准とその影響

ハノイはVFDの活動によりいくつかの結果が出ている。ホーチミンでも2015年4月に，1区の人民委員会庁舎に向かう形でバリアフリーの大規模な歩行者天国が完成した。DRDによると，ホーチミンは2014年の障害者権利条約批准の影響で，音の出る信号機や点字ブロックも敷設され（**写真3-17**），9月23日公園バスターミナルもスロープや手すりが設置されるなどの改造が行われた。また，1区から3区にかけての幹線道路の歩道に点字ブロックが敷設された[49]。さらに，ノンステップバスが購入されており，新たなバリアフリーバスがホーチミン市内を運行する予定である[50]。

以上，事業者が提供するバリアフリーのハードウェアに関して，公共性の高いものからその実態をみてきた。共通していえることは，事業者には物理的バリアを取り除こうとするバリアフリーの意識は存在している。しかし，障害者がそのバリアフリーのハードウェアを利用することによって，バリアフリーが実現できているかというと必ずしもそうではない。たとえば，障害者が鉄道駅に行ってバリアフリー化されたプラットホームを利用できても，車両への乗車ができないと，どこにも行くことができない。ノンステップのバリアフリーバスがあって，障害者が乗車できても，停留所に段差があったのでは利用できない。BRTに障害者が乗車できても，降車した駅舎がバリアフリーとは限らない。これらの問題点は，事業者が提供するハードウェアは物理的バリアを完全には取り除いておらず，障害者である利用者からみて実用レベルにまで至っていないということである。

---

[49] 2017年9月30日，筆者によるホーチミン師範大学の特別教育担当教授へのインタビュー。政府からの公示がないため，この点字ブロックを視覚障害者が知っているかわからないという。
[50] 2017年10月2日，筆者によるDRDへのインタビュー。2018年12月現在，同バスの運行は実現していない。

おわりに

　バリアフリー化の三角形の個々の視点から，ベトナムのバリアフリー化の発展の経緯を再確認しよう。まず，政府機関であるが，ベトナムが障害者権利条約に署名をしたのは 2007 年である。その後，2014 年に同条約に批准するまで 7 年余りの歳月を要した理由は，政府機関が条約に対し国内法を十分に検討したからだという。本章で，政府のバリアフリーに関する国内法の内容を検討した結果，細則（議定）に示されたとおりに実現できていないなど実効性の問題はあったが，条文の内容に問題はなかった。

　つぎに，事業者はどうであろうか。バリアフリーのハードウェアを設置できる経済力を有しているのだから，ベトナムのバリアフリー化が実用的ではない問題は，一般によく考えられているような経済力では決してない。むしろ，経済力がありながらも，実用的なバリアフリーを実現できないバリアフリー化に陥っていることに問題が存在する。このように，バリアフリーのハードウェアを有していながら，実用性を伴わないバリアフリーの形態を「形式的バリアフリー」と定義する（上野 2018, 231）。これは，事業者にはバリアフリーを整える意識があり，このためのハードウェアを準備していながらも，障害者が実際に利用するには物理的バリアが残存し，利用できない状態を指す。この問題点は，事業者は障害者に対する配慮があり，経済負担を行い，バリアフリーのためのハードウェアを設置していながらも，それらが実用的ではないことである。

　ベトナムの障害者は自国のバリアフリー化に関して，以前よりも積極的になっている。これまでのベトナムの障害者は自国を貧しいと達観的にみており，さらに自国が社会主義国家であるため，他国のように政府に要求することができずにいた[51]。しかし，今回の調査では，従来は保護の対象とされていた障害者側が，VFD の活動など自己の要求を発信する側へと変化していた[52]。社会主義国家であるベトナムにおいても，バリアフリー

---

51)　筆者のこれまでのインタビュー調査より。

に対して障害者の権利という考え方が芽生えつつある。

　以上のように，バリアフリー化の三角形の個々の視点からみると，ベトナムのバリアフリーの問題点は事業者が提供するバリアフリーが形式的バリアフリーとなっていることである。この原因として，バリアフリー化の三角形と社会の関係からみると，ベトナムにおける三者の関係が弱いため，障害者（バリアフリー）は本章冒頭の図3-2のような社会からの支持を十分には得られていないことが挙げられる。この点は，障害者と事業者の対立を経て，社会の支持を得た先進国の経緯と大きく異なる。

　ベトナムのバリアフリー化の経緯を遡ると，1974年に国連障害者生活環境専門家会議が開催されたときはベトナム戦争の最中であり，バリアフリーに対応できる状況ではなかった。ベトナムが障害者権利条約に署名した2007年は，障害者団体はまだ十分には組織化されておらず，自国の経済力に対し達観的であったため，事業者とのあいだにバリアフリー化を求める対立が起きなかった。この結果，社会の関与もないまま，政府が主導し，事業者はバリアフリー化を進めることになった。ベトナムにおいて，障害者と事業者間に争いなくバリアフリーが形成された社会形態は，現在の先進国のようで，理想的にもみえる。しかしながら，社会の関与がないということは，社会における住民がバリアに対する経験をとおした理解を得る機会を逸したことでもある。先進国の事例は，社会によるバリアに対する理解を経て，対立がなくなった合意形成であるため，ベトナムにおける対立のないバリアフリー化の経緯とは異なる。バリアフリーの供給者側である事業者も社会を構成する一員であるため，社会の不関与は，事業者を形式的バリアフリーへと導くことにつながる。また，バリアに対する理解の不足は，事業者がバリアを少数の障害者だけのものと考え，社会全体のものと考えずにバリアフリーの機器を除去してしまったことも同様である。社会全体がバリアを理解することができたならば，事業者側も同様であり，形式的バリアフリーは起こりえない。

---

52)　筆者の調査によると，福祉先進国に留学した経験のある障害者が増加しており，彼らの経験がベトナムの障害者に影響を与えていると考えられる。

さらなる問題点は，ベトナムの社会が形式的バリアフリーの原因を十分には解明せずに，不十分なバリアフリーを自国の経済力の問題として終わらせていることである。この結果，形式的バリアフリーは改善されないまま，バリアフリーのハードウェアは実用的ではないものから無用の長物へと変化し，撤去される悪循環に陥る。福祉の後発地域ほど開発を急ぐために，利用者となる地域住民のニーズや生活環境を考慮せずに，先進国の先端技術のハードウェアを直接移植しようとするため，このような形式的バリアフリーの悪循環に陥りやすい。

　なお，一般にバリアフリーに関する技術規定については，技術系の専門家のあいだでもいくつかの考え方がある。まず，バリアフリーのために廊下の幅や車いすの移動の軌跡などの数値[53]を細かく規定する方が建設する業者を律しやすいという考え方である。しかし，このように数値の条件だけを満たすのでは，実用的ではないバリアフリーのハードウェアになることもありうる。このため，数値にこだわらずに，実際に障害者が利用してみてどのようであるか，障害者の裁量に委ねる考え方もある[54]。

　今後は障害者側からの要求の発信も増えるであろう。社会は形式的バリアフリーを自国の経済力の問題として終わらせるのではなく，バリアフリーは障害者だけではなく社会全体のものと理解し，利用者のニーズや生活環境への配慮による解決をすることが求められている。障害者権利条約を批准した現今では，バリアフリー化に際し，障害者と事業者の対立は必ずしも必要ではない。むしろ，ベトナムは福祉の後発国であるため，キャッチアップ経済の利点を活かしながら，先進国が経験を通じて得たバリアに対する理解を，社会がソフトウェアとして吸収することも形式的バリアフリーの悪循環から抜け出せる一案である。

---

53) 本章の冒頭で言及した1974年の国連障害者生活環境専門家会議の報告書である *Barrier-free Design* において，数値が規定されている。ただし，この数値は報告書に登場するミスター・アベレージという架空の「標準的な」人物の要求を満たすものである（日比野1999, 208）。

54) 2010年8月1日，筆者による日本女子大学の佐藤克志教授へのインタビュー。このことからも，実用的なバリアフリーには障害者の関与が必要ということがわかる。

〔参考文献〕

〈日本語文献〉
上野俊行 2018.『ベトナムとバリアフリー――当事者の声でつくるアジア的インクルーシブ社会』明石書店.
内閣府 2005.「バリアフリー化推進に関する国民意識調査について」『バリアフリー・ユニバーサルデザインの推進普及方策に関する調査研究報告書』.
長瀬修 2016.「知的障害者とセルフアドボケート,障害者と障害当事者」『福祉労働』(151) 6月: 124-125.
日比野正己 1999.『図解 バリア・フリー百科』阪急コミュニケーションズ.
渡辺英緒 2000.「法規文書の制定と運用」白石昌也編『ベトナムの国家機構』明石書店: 53-81.

〈ベトナム語文献〉
Đỗ Loan 2014. "TPHCM hỗ trợ người khuyết tật đi xe buýt."［ホーチミン市は障害者のバス乗車を支援］*Báo Giao thông*［トラフィックレポート］30 October (http://www.baogiaothong.vn/tphcm-ho-tro-nguoi-khuyet-tat-di-xe-buyt-d87933.html 2018年11月6日最終アクセス).
Tuấn Cường 2006. "Hội thảo Khái niệm và từ ngữ về Người tàn tật."［障害者に関する概念と表記の会議］*Tạp chí LĐXH* 14 July (http://www.molisa.gov.vn/vi/pages/ChiTiet.aspx?IDNews=2609 2017年11月11日最終アクセス).
Tổng cục Thống kê［ベトナム国家統計総局］2010. "Kết quả Khảo sát Mức sống dân cư năm 2010."［2010年住民生活水準考察結果］.
Ban chỉ đạo Tổng điều tra dân số và nhà ở Trung ương［中央国勢調査指導委員会］2009. "Báo cáo Kết quả điều tra suy rộng mẫu: Tổng điều tra dân số và nhà ở 01/4/2009,"［サンプリング調査結果報告: 2009年4月1日における国勢調査］.

第4章
タイにおける障害者アクセシビリティの法的保障と実現における問題

西澤　希久男

はじめに

　近年，バンコクとその近郊において，鉄道網の整備が急ピッチで行われている。世界的に有名なバンコクの交通渋滞を緩和するためには，自動車移動に依存しない交通網を確立する必要がある。今後，よりいっそう移動手段の充実化が図られる予定であるが，その利益をすべての人が享受するには，利用者の特性に応じた対応が求められる。とくに，障害者や高齢者といった，いわゆる「交通弱者」といわれる人たちにとっては，その他の人と比べて移動に関する利益を享受することがよりいっそう重要となる。新しい交通機関が整備中の現在こそ，移動の利益をあまねく広げるために，アクセシビリティの確保が喫緊の課題となっているといえる。
　そこで，本章では，障害者のアクセシビリティのなかでも，とくに交通に代表される，物理的アクセシビリティに焦点を当て，タイにおける障害者アクセシビリティに関する法制度の歴史的変遷と現状を検討することを1つの課題とする。その際，一部地域のみに限定して適用される条例は対象から除外し，タイ全土において適用される法律と省令を対象とする。
　さらに，法文上は存在する権利がいかに不十分であるかという開発途上国でしばしばみられる問題と，法的権利の実現のためには闘う「手段」が必要であることを再確認するために，障害者によって提起された，高架鉄道に関する行政訴訟と民事訴訟をとりあげ，その概要と法的問題を検討したい。

第1節　タイにおける障害者の物理的アクセシビリティに関する法令

　タイの障害者基本法といえる,「仏暦2550（西暦2007）年障害者の生活の質の向上と発展に関する法律」には，障害者のアクセシビリティに関する規定が存在する。しかし，同法が最初に障害者アクセシビリティについて規定した法律ではない。障害者を対象とした最初の法律である,「仏暦2534（西暦1991）年障害者能力回復法」にも規定されており，物理的アクセシビリティに関する法的保障については，歴史的変遷がある。

　そこで，障害者の物理的アクセシビリティに関係する法令を歴史的にみてみると，以下のようになる。

① 「仏暦2534（西暦1991）年障害者能力回復法」第15条4号
② 「仏暦2540（西暦1997）年タイ王国憲法」第55条
③ 「仏暦2534（西暦1991）年障害者能力回復法に基づき発布された仏暦2542（西暦1999）年省令（第4版）」
④ 「仏暦2544（西暦2001）年障害者向けの器具又は設備の基準に関する障害者能力回復委員会規則」
⑤ 「仏暦2548（西暦2005）年障害者又は身体的弱者及び高齢者のための建物内における設備を定める省令」
⑥ 「仏暦2550（西暦2007）年タイ王国憲法」第54条
⑦ 「仏暦2550（西暦2007）年障害者の生活の質の向上と発展に関する法律」
⑧ 「仏暦2555（西暦2012）年障害者がアクセスし，利用するために，建物，場所，その他サービスにおいて提供する器具，設備，又はサービスとその性質を定める省令」
⑨ 「仏暦2556（西暦2013）年障害者がアクセスし，利用するために，建物，場所，車両及び交通サービスにおいて提供する器具，設備，又はサービスとその性質を定める省令」

　以下では，タイで障害者のアクセシビリティがどのように規定され，ど

のように保障されるようになってきたのかを理解するために，関係する法令の内容を，すでに廃止されたものと，現在効力を有するものとに分けて紹介する。

1-1 廃止法令
⑴ 「仏暦2534（西暦1991）年障害者能力回復法」ならびに同法に基づいて発布された省令および規則（上記①，③，④）

障害者を対象とした最初の法律である，「仏暦2534（西暦1991）年障害者能力回復法」（以下，1991年障害者リハビリテーション法）は，全20カ条の非常に短い法律である。構成も非常に単純であり，内部での章分割もされていない。吉村（2012）によれば，同法の制定にかかわった障害者リーダーの目的が，タイの障害者のおかれている状況を改善するために，職業機会，教育機会を確保することであり，そこでは，厳しい生活からいかに脱出するかが優先課題であった。それゆえ，同法は，障害者への権利付与というよりは，利益供与を目的としており，アクセシビリティについても提供される利益としての考え方に沿っている。

同法では，アクセシビリティについて，第15条4号で規定している。それによると，障害者登録をした障害者が受けることができる支援，発展，リハビリテーションの1つとして，社会活動での容認，参加および障害者が必要とする便宜またはその他サービスを挙げている。つまり，「障害者が必要とする便宜またはその他サービス」がアクセシビリティに関係する。そして，その具体化のために，第17条1項1号は，障害者のために必要な器具・設備を設置しなければならない，建物，施設，車両またはその他公共サービスの種類を定める省令を発布する権限を関係大臣に認めている。

その第17条1項1号に基づいて発布されたのが，「仏暦2534（西暦1991）年障害者能力回復法に基づき発布された仏暦2542（西暦1999）年省令（第4版）」（以下，1999年労働社会福祉省令）である。本省令は，1999年12月17日に公布・施行された。1991年障害者リハビリテーション法が1991年11月25日公布，公布180日後である1992年5月23日施行で

あり，施行日から起算しても7年半以上が経過している。

　同省令は全7カ条で構成されており，各々，税金の控除（1条），設備等の設置義務がある建物の種類（2条），設備等の設置義務がある施設の種類（3条），設備等の設置義務がある車両の種類（4条），設備等の設置義務があるその他公共サービスの種類（5条），設置する設備の基準（6条），設置した設備等の表示（7条）について定めている。

　設置義務がある建物は，障害者または高齢者支援施設，障害者教育施設，病院，ホテル，会議施設，教育施設，大規模交通駅および建築規制に関する法律が定めるその他建物である（2条）。

　設置義務がある施設は，公園，動物園または同様のサービスを提供する施設（3条1号），公共サービスまたは障害者が含まれうる集団が利用するサービスを提供するためのその他施設である（3条2号）。

　設備等の設置義務がある車両は，自動車法に基づく公共車または事業車（4条1号），陸上交通法に基づく路線バス（4条2号），列車または電車（4条3号），タイ領海内航行に関する法律に基づく旅客船（4条4号），航空法に基づく旅客機（4条5号）である。

　設備等の設置義務があるその他公共サービスとは，第2条から第4条に定められている建物，施設または車両以外のもので，障害者が利用者として含まれるその他公共サービスとされる（5条）。例示として，公衆電話，郵便ポストが挙げられている。また，以下で説明する「仏暦2544（西暦2001）年障害者向けの器具又は設備の基準に関する障害者能力回復委員会規則」では，設備等が設置されるべき公共サービスとして，歩道，看板または標識，郵便ポスト，歩行者信号，問合わせ窓口，公衆電話が挙げられている。

　1999年労働社会福祉省令は，障害者のための設備・器具を設置する必要がある建物等の種類を規定するだけで，具体的に設置する設備等の種類および基準については規定していない。そのため，同省令のみでは何を設置してよいのかが判然としない。

　そこで，「仏暦2544（西暦2001）年障害者向けの器具又は設備の基準に関する障害者能力回復委員会規則」（以下，2001年障害者リハビリテーショ

ン委員会規則）が 2001 年 11 月 30 日に公布・施行された。同規則は，1999 年労働社会福祉省令において障害者用の設備・器具等を設置しなければならない，「建物」，「施設」，「車両」，「公共サービス」ごとに，設置すべき設備等の種類とその規格を定めるとともに，設置した器具等の存在を示す表示の方法についても定めている。

(2) 「仏暦 2540（西暦 1997）年タイ王国憲法」および「仏暦 2550（西暦 2007）年タイ王国憲法」（上記②，⑥）

タイは数多くの憲法が制定された歴史を有する。立憲革命が発生した 1932 年に制定された「仏暦 2475（西暦 1932）年シャム王国統治憲章」から現行の「仏暦 2560（西暦 2017）年タイ王国憲法」（以下，2017 年憲法）まで 20 の憲法が制定されている。この数の多さは，クーデターに原因がある。タイでは，クーデターが発生すると，そのときの憲法を廃止して，暫定憲法を制定する。そして，一定期間経過後に恒久憲法を制定する。このサイクルを繰り返すため，数多くの憲法が制定される。

しかしながら，「仏暦 2540（西暦 1997）年タイ王国憲法」（以下，1997 年憲法）は，クーデターを経て制定されたわけではなく，タイの憲法史からすると例外であった。それは，クーデターを契機とした，制定過程に問題のある憲法とは決別し，民主的な憲法を制定しようという動きに基づいて制定されたものである。

タイにおいて初めて民主的な手続きにより制定された 1997 年憲法は，①国民の政治参加の拡大，②人権保障の強化，③政治，行政の公正，透明性，効率性の確保を，改革の 3 つの柱に据えていた（今泉 2002, 93）。人権保障の強化に関連して，1997 年憲法は，「第 2 章 タイ国民の権利及び自由」と題して，40 条にわたって権利および自由について規定した。そのなかで，初めて障害者の権利についても規定された。

第 55 条
　障害者又は身体的弱者は，法律の規定に従い，国家から公共の便宜及びその他援助を受ける権利を有する。

同条により，法律の留保は存するが，障害者は，国家から公共の便宜およびその他援助を受ける権利を有することとなった。アクセシビリティに関する便宜・援助もこれに含まれる。1991年障害者リハビリテーション法では，障害者を単に利益を受ける，保護の客体として認識していたが，1997年憲法は，権利の主体としている。
　初めての民主的な手続きにより制定された1997年憲法は，2006年9月のクーデターによりもろくも崩れ去った。暫定的な統治の枠組みを定める暫定憲法を経た後，2007年8月24日に「仏暦2550（西暦2007）年タイ王国憲法」（以下，2007年憲法）が公布された。クーデターを契機とする憲法であるが，障害者の権利に関しては，さらなる進展をみせた。
　2007年憲法では，障害者が明確な名宛人となっている権利および自由として，差別禁止（30条3項），司法過程における保護（40条6号），無償教育および他者と同等の権利を受ける為に国から支援を受ける権利（49条2項），そして国家から社会福祉，公共の便宜，その他支援を受ける権利（54条1項）が保障されている。
　このなかで，アクセシビリティに関係するのは，第54条1項である。この規定の策定には障害者自身が大きな役割を果たした。
　2007年憲法の起草の際，障害者に関する規定の起草方針について障害者団体を交えて話し合いを行っていた[1]。2007年4月に提出された第1草案において，第53条（最終的には第54条となる）は以下のように規定していた。

　第53条
　障害者又は身体的弱者は国家から社会福祉，公共の便宜及びその他援助を受ける権利を有する。

　上記案について，タイ障害者協会は，「受ける権利を有する」という表

---

1) 2007年憲法の障害者関連規定起草における障害者の役割については，西澤（2010）を参照。

現であると，当該権利が無視されて放置されたり，優先順位が下げられたりするおそれがあると指摘した。そこで，アクセス原理を主張するとともに，実際に利益を得る必要があることから，「アクセスし，かつそれから利益を受ける権利を有する」，と修正することを提案した（西澤 2010, 124-126）。この障害者協会の提案を受けて，憲法起草第1小委員会は草案を修正し，それが 2007 年憲法第 54 条として結実した（西澤 2010, 127）。さらに，同条で注目されるのは，法律の留保に関する文言が削除されたことである。1997 年憲法では，権利保障がなされていても，当該権利を保障する具体的な法律が必要だったが，2007 年憲法では，法律の制定を待つことなく，権利が保障されることとなった。

1-2 現行法令
(1) 「仏暦 2548（西暦 2005）年障害者又は身体的弱者及び高齢者のための建物内における設備を定める省令」（上記⑤）

障害者による建物へのアクセスを確保するために，「仏暦 2522（西暦 1979）年建物規制法」に基づき，内務省令として，「仏暦 2548（西暦 2005）年障害者又は身体的弱者及び高齢者のための建物内における設備を定める省令」（以下，2005 年内務省令）が公布・施行されている。同省令の公布理由として，1997 年憲法第 55 条および第 80 条 2 項が，障害者等が国家から公的便宜，その他支援および助成を受ける権利を定め，障害者等が社会においてさまざまな活動に参加する機会を実現するためであることが挙げられている。権利として憲法に定められることの重要性を示している。

同省令は，全 30 カ条よりなり，その構成は，施行日，定義等を定めた一般規則の後，第1章「設備標識」，第2章「傾斜路及びエレベーター」，第3章「階段」，第4章「駐車場」，第5章「建物入口道，建物間通路及び建物間連結通路」，第6章「扉」，第7章「便所」，第8章「ブロック」，第9章「娯楽施設，会議場及びホテル」，経過規則である。

第3条は，障害者等のための設備を設置しなければならない建物を定めている。それによると，第1に，一般人の利用に供している建物部分の面積が 300 ㎡を超える，病院，クリニック，保健センター，公務実施建物，

国営企業，法律により設置が定められている政府機関，国立の教育施設，図書館および博物館，飛行場，鉄道駅，バスターミナル，船着場といった公共交通機関駅である（3条1号）。第2に，一般人の利用に供している建物部分の面積が2000㎡を超える，事務所，娯楽施設，ホテル，会議場，運動場，ショッピングセンター，百貨店，その他種々の建物である（3条2号）。設置義務対象の建物は，同省令第1章から第8章に定められた設備を設置しなければならない。

第9章は，娯楽施設，会議場およびホテルに適用される特則を定めている。娯楽施設および会議場は，100座席ごとに1以上の車いすスペースを配置しなければならない（26条）。100室以上の客室を要するホテルは，火災等の緊急時に対応するための設備や避難のために，非常口等に近接するなどの措置を講じた客室を1以上設けなければならない（27条）。また，当該客室が備えなければならない浴室設備についても規定している（28条）。

同省令は，施行前において，すでに建物が存する場合や建築または改修許可手続を進めている場合には適用されない（29条）。同省令の施行は，公布後60日経過後であるので，施行日は2005年8月31日である。

(2) 「仏暦2550（西暦2007）年障害者の生活の質の向上と発展に関する法律」ならびに同法に基づいて発布された，「仏暦2555（西暦2012）年障害者がアクセスし，利用するために，建物，場所，その他サービスにおいて提供する器具，設備，又はサービスとその性質を定める省令」および「仏暦2556（西暦2013）年障害者がアクセスし，利用するために，建物，場所，車両及び交通サービスにおいて提供する器具，設備，又はサービスとその性質を定める省令」（上記⑦，⑧，⑨）

現在のタイにおいて障害者基本法といえるのは，「仏暦2550（西暦2007）年障害者の生活の質の向上と発展に関する法律」（以下，2007年障害者エンパワーメント法）である。同法の制定に影響を与えたのは，2002年に始まった国連における障害者権利条約の策定である（吉村2012, 203）。本法の制定には，1991年障害者リハビリテーション法と同様に障害当事者が大きく関与した。

第 4 章　タイにおける障害者アクセシビリティの法的保障と実現における問題

　本法は，障害者の権利として，公的な便益にアクセスし，利用する権利を定めている（20 条 1 項）。具体的には，医療行為によるリハビリテーション・サービス（1 号），国家教育または国家教育計画に関する法律に従った教育（2 号），就業，標準サービス，労働者保護，雇用安定措置のためのリハビリテーション（3 号），障害者にとって必要な設備およびサービスの利用を含め，非障害者と平等に，社会，経済，政治活動において，完全かつ効率的に受け入れられ，参加すること（4 号），公的な政策，マスタープラン，計画，プロジェクト，活動，開発，生活必需品，法的扶助，弁護のための法律家へのアクセスを援助すること（5 号），情報，報道，通信，遠距離通信，情報技術，すべての種類の障害者のための情報・通信手段（6 号），手話通訳サービス（7 号），介助動物，介助器具等を移動中の乗物，または滞在中の場所に同行・持参する権利，またかかる場合において，障害者自身が公共の便益を無料で享受し，かつ同行・持参した介助動物，介助器具等に対する追加料金を免除される権利（8 号），障害者特別手当の受領（9 号），住環境の改修，その他のサービスの提供（10 号）である。

　本条に定められている内容は，障害者権利条約において明確にアクセスまたはアクセシビリティとして規定されているものよりも広範囲となっている。上記に散見されるように，本条で「アクセス」という単語が用いられているのは，既述のように，2007 年憲法を起草する際の規定方法における議論と関係がある。

　同時期に起草されていた 2007 年障害者エンパワーメント法においても，障害者の権利に関する規定について，当初は前述憲法草案と同様「受ける権利を有する」という形で規定されていた。しかしながら，第 2 読会での審議において，障害当事者である委員から，憲法起草委員会での修正を受けて修正提案が提出され，その提案に基づいて，憲法の規定と同様「アクセスし，かつそれから利益を受ける権利を有する」という形となった（Saphanitibanyatheangchat 2007a）。

　第 20 条 1 項 4 号に定められている権利を実現するためには，物理的アクセシビリティの確保が必要となる。これに関して，第 37 条 1 項は，障

害者がアクセスし，利用することができるように，建物，駅，運輸機関，交通サービスまたはその他公的サービスに設置・提供する器具，設備またはサービスの種類・性質を規律するために，社会開発人間安全保障相，運輸相および内務相に対して，省令の公布権限を認めている。同条2項は，同条1項に定められた器具等を設置・提供した建物所有者等が税制上の優遇を受けることができるとする。

　本条においても，2007年憲法第54条および2007年障害者エンパワーメント法第20条の規定と同様に，「アクセス」と「利益を得る」権利という文言が，障害当事者である委員からの修正提案により導入された。さらに，第2読会に当初提案された草案では，備えるべき設備，施設等が「障害者用」と「限定」されていた。この点についても，障害当事者である委員から，障害者用に限定される必要はなく，障害者が「利用できる」施設であれば問題はない，また，そちらの方が有用であるとして，修正提案が提出され，その提案が採用された（Saphanitibanyatheangchat 2007b）。

　これまでみてきたように，2007年憲法および2007年障害者エンパワーメント法において，「アクセス」し，「利益を得る」という文言が一貫して導入されたのは，統一性の問題はもとより，タイにおけるそれまでの状況に対する懸念，危惧が原因である。それまで，権利として抽象的に認められていても，実質的にはその利益を享受することができず，まさに，「絵に描いた餅」であった。1997年憲法および1991年障害者リハビリテーション法のもとでは実現できなかった権利の実質化を図るために，2007年憲法および2007年障害者エンパワーメント法の起草においては，障害当事者が積極的に関与し，そのための方策を導入しようと試みた。その成果が，「アクセス」や「利益を得る」という文言の追加であり，懲罰的損害賠償制度や割当雇用制度義務違反者の公表制度である。既存の法制度および行政執行に対する不信が，権利や便益に現実に「アクセス」できるだけでなく，それを「利用する」ことを保障することを求めた。そのため，2007年障害者エンパワーメント法においては，「アクセス」という単語が多く用いられている。

　物理的アクセシビリティについて規定する第37条に基づいて公布され

ている省令は，社会開発人間安全保障省と運輸省によるものの2つである。

　社会開発人間安全保障省は，2012年に「仏暦2555（西暦2012）年障害者がアクセスし，利用するために，建物，施設，その他サービスにおいて提供する器具，設備，またはサービスとその性質を定める省令」（以下，2012年社会開発人間安全保障省令）を発布した。同省令は公布理由を，2007年障害者エンパワーメント法第37条2項が，障害者のアクセシビリティの改善・確保のために，器具，設備，サービスを設置・提供した場合の税制優遇を定めているにもかかわらず，どのような種類・性質の器具等を設置・提供すれば優遇を受けられるのかが定められていなかったためとする。

　同省令は，全6カ条および別表により構成されている。第1条において，器具（1号），設備（2号），サービス（3号），建物（4号），場所（5号）の定義がされている。ここで，建物とは，公的，政治，教育，宗教，社会，娯楽または商業に関する活動のために人が使用できる建物または事務所を構成する部分および建物の周囲を指す。施設とは，料金を支払うか否かにかかわらず，人が入場または利用できる場所および往来のための通路も含む。

　建物または施設に設置・提供する器具，設備，サービスについては第5条に列記されており，それは以下のとおりである。

① 障害者用いすまたは車いす用スペース
② 傾斜路
③ 視覚障害者用ブロック
④ 障害者用エスカレーター
⑤ 傾斜型または水平型動く歩道
⑥ 転落防止柵または格子
⑦ 移動可能くず入れ
⑧ 障害者用案内所
⑨ 障害者用公衆電話
⑩ 障害者用飲料水提供サービス

⑪　障害者用現金自動支払機
⑫　障害者用扉
⑬　障害者用便所
⑭　障害者用エレベーター
⑮　障害者用駐車場
⑯　障害者支援依頼用音響信号または光信号
⑰　障害者用器具または設備表示標識
⑱　障害者用往来路
⑲　障害者用郵便ポスト
⑳　障害者用避難場所
㉑　視覚障害者用警告音声および聴覚またはコミュニケーション障害者用文字移動方式電光掲示板もしくは警告灯
㉒　視覚障害者用音声情報案内および聴覚またはコミュニケーション障害者用文字移動方式電光掲示板もしくは標識
㉓　障害者に対するサービス提供のため，障害種別ごとの障害者ニーズについて研修を受け，資格を有する職員

　上記器具が有しなければならない品質については，別表において詳細に定められている。

　つぎに交通機関とそれに付随する建物等へのアクセシビリティの改善と確保のために，担当省庁である運輸省は，「仏暦2556（西暦2013）年障害者がアクセスし，利用するために，建物，場所，車両及び交通サービスにおいて提供する器具，設備，又はサービスとその性質を定める省令」（以下，2013年運輸省令）を公布・施行した。同省令は公布理由を，2007年障害者エンパワーメント法第37条2項が，障害者のアクセシビリティの改善・確保のために，器具，設備，サービスを設置・提供した場合の税制優遇を定めているにもかかわらず，どのような種類・性質の器具等を設置・提供すれば優遇を受けられるのかが定められていなかったためとする。2012年社会開発人間安全保障省令と同一の理由である。

　同省令は，全16カ条と別表よりなり，その構成は，定義の後，第1章「一般規則」，第2章「交通機関」，第3章「交通事業」である。

第 4 章 タイにおける障害者アクセシビリティの法的保障と実現における問題

建物は、公共交通において利用する建物もしくは事務所を構成する部分または各種道路区域内における一般人の利用に供する建物を指す（1 条 4 号）。場所は、建物の周囲の場所または区域を指す（1 条 5 号）。

第 2 章では、対象となる交通機関の車両等ごとに、設置・提供する器具等を定めている。

第 4 条は、障害者のアクセシビリティの改善・確保のために、器具、設備、サービスを設置・提供する交通機関を列挙している。対象となる交通機関は以下のとおりである。

① 陸上交通法に基づく路線バス（1 号）
② 自動車法に基づく公共車または事業車（2 号）
③ 鉄道および公道施設法に基づく鉄道車両（3 号）
④ タイ大量輸送電気鉄道に関する法律に基づく電気車（4 号）
⑤ タイ領海内航行法に基づく客船（5 号）
⑥ 航空法に基づく航空機（6 号）

第 5 条から第 10 条は、各車両等が設置しなければならない器具、設備等を定めている。設置する器具等が有しなければならない性質については、別表において詳細に定められている。異なる種類の交通機関のあいだで、必要とされる設備等の相違を理解するために、以下に**表 4-1** としてまとめる。

第 3 章は、対象となる交通事業に関する施設ごとに、設置・提供する器具・設備等を定めている。設置する器具等が有しなければならない性質については、別表において詳細に定められている。異なる種類の交通事業に関する施設のあいだで、必要とされる、器具・設備等の相違を理解するために、以下に**表 4-2** としてまとめる。

1-3 小活

これまで障害者アクセシビリティに関する法令を概観してきたが、タイの法制度が有する問題点を同様に有している。それは、施行細則制定の遅れである。後述するように、この問題が駅における障害者用設備等の設置に関する紛争をより複雑にした。1991 年障害者リハビリテーション法に

表4-1 交通機材別障害者向けに設置する器具，設備またはサービスの一覧表

	障害者用器具，設備およびサービス	A	B	C	D	E	F
1	障害者用扉	○					
2	障害者移動器具または車いす昇降器具	○	○	○		○	
3	傾斜路			○		○	
4	障害者用昇降路					○	
5	車いすスペースまたは車いす接続器具	○	○	○	○	○	
6	障害者移動または車いす昇降用のリフト						○
7	障害者用座席数標識					○	
8	障害者用座席			○	○	○	○
9	障害者用船舶内通路					○	
10	障害者用階段						
11	障害者用便所			○		○	○
12	障害者用寝室			○		○	
13	障害者用器具または設備表示標識	○		○		○	○
14	障害種別ごとの航空機サービス利用ガイド						○
15	職員用障害種別ごとの障害者支援ガイド	○		○	○	○	
16	障害者とコミュニケーションをとるための搭乗職員用翻訳ガイドまたはシンボル図	○	○	○	○	○	○
17	障害者用器具または設備が搭載されている車両であることを障害者が知るための車両外壁に添付する障害者マーク入りラベル			○	○		
18	視覚障害者用警告音声および聴覚またはコミュニケーション障害者用文字移動方式電光掲示板もしくは警告灯						○
19	視覚障害者用駅名案内音声および聴覚またはコミュニケーション障害者用文字移動方式電光掲示板もしくは駅名表示板			○	○		
20	乗降の際における障害者に対するサービス提供のため，障害種別ごとの障害者ニーズについて研修を受け，資格を有する搭乗職員	○		○		○	○

（出所）Samnakunganplatkrathuangkhomnakhom（2015，第3章表3：2-2：C3; 18-19）に基づき筆者作成。
　　　A：陸上交通法に基づく路線バス，B：自動車法に基づく公共車または事業車，C：鉄道および公道施設法に基づく鉄道車両，D：タイ大量輸送電気鉄道に関する法律に基づく電気車，E：タイ領海内航行法に基づく客船，F：航空法に基づく航空機

第 4 章　タイにおける障害者アクセシビリティの法的保障と実現における問題

表 4-2　交通機関別障害者向けに設置する器具，設置またはサービスの一覧表

	障害者用器具，設備およびサービス	A	B	C	D	E	F
1	障害者用扉	○		○	○		○
2	障害者用座席または車いすスペース	○		○	○		○
3	傾斜路	○	○	○	○	○	○
4	障害者用階段および手すり			○	○		○
5	視覚障害者用ブロック	○	○	○	○		
6	障害者用切符売場および改札口	○			○		
7	障害者移動器具または車いす昇降用のリフト	○					
8	プラットホーム・レール間転落防止柵，格子または自動扉				○		
9	障害者用便所	○		○	○		○
10	障害者用エレベーター			○	○		
11	障害者用公衆電話	○		○	○	○	○
12	障害者用駐車場	○					
13	障害者用避難場所	○					
14	障害者用器具または設備の表示標識	○	○		○		○
15	視覚障害者用通行地図	○			○		
16	障害者通行における情報提供						○
17	視覚障害者用警告音声および聴覚またはコミュニケーション障害者用文字移動方式電光掲示板もしくは警告灯	○			○	○	○
18	視覚障害者用情報案内音声および聴覚またはコミュニケーション障害者用文字移動方式電光掲示板もしくは情報表示板	○			○	○	
19	職員用障害種別ごとの障害者支援ガイド	○			○	○	
20	障害者とコミュニケーションをとるための職員用翻訳ガイドまたはシンボル図	○			○	○	○
21	障害者に対するサービス提供のため，障害種別ごとの障害者ニーズについて研修を受け，資格を有する職員	○			○	○	○
22	障害者用歩道		○				
23	障害者用道路横断信号および障害者用横断歩道		○				
24	障害者用歩道橋		○				

（出所）Samnaknganplatkrathuangkhomnakhom（2015, 第 3 章表 3：2-3：C3; 27-28）に基づき筆者作成。
　　A：バスターミナル，B：道路，C：道路区域内における建物または場所，D：鉄道駅および電気鉄道駅，E：船着場，F：空港

基づく省令と規則の制定の遅れと同様の問題が，2007年障害者エンパワーメント法でも起こるであろうことは起草の際にすでに予測されていた。そのため，2007年障害者エンパワーメント法第44条は，同法に基づく省令等が発布されるまで，同法の内容に反しない範囲で，1991年障害者リハビリテーション法に基づいて出された省令等を使用すると定めた。施行細則の空白を回避するという点では評価できるが，障害者権利条約の制定過程の影響を受けた2007年障害者エンパワーメント法は，当然1991年障害者リハビリテーション法と性格を異にする。反しない範囲とはいえ，やはり迅速に制定する必要があったといえる。しかしながら，2007年障害者エンパワーメント法に基づく，アクセシビリティに関する省令が出るまで，5年ほど待たなければならなかった。依然としてこの問題は解決されないまま残っている。

　もう1つ注目すべき問題は憲法における障害者の権利保障についてである。1997年憲法において，初めて障害者アクセシビリティに関する権利が保障された。この影響は，上述したように，2005年内務省令の公布理由として現れている。その他，障害者差別に関するものであるが，1997年憲法において差別禁止を定める第30条3項には，障害者の文言はなかったが，2007年憲法では，障害を理由とする差別の禁止が明確に規定された。

　この2007年憲法における明記と障害者権利条約の影響で，憲法裁判所は，1997年憲法のもとでは合憲とされた司法裁判所裁判官公務員規則法第26条1項10号を，障害に基づく差別であるとし同条項を違憲と判断した（憲法最判決仏暦2555（西暦2012）年15号事件）。憲法上での保障はこのように影響が大きい。さらに，2007年憲法では，「法律の留保」の文言が削除され，権利保障が強化された。しかし，上記の現行法令部分に憲法が含まれていないことから明らかなように，現行の2017年憲法には，障害者アクセシビリティに関する権利を保障する条項そのものが存在しない。障害者の権利が実質化していない現状において，明確な形式での権利保障規定が削除されたことは，今後の障害者行政および立法に少なからず影響を与えると考えられる。

第4章　タイにおける障害者アクセシビリティの法的保障と実現における問題

第2節　障害者アクセシビリティの実現とその手段としての訴訟

　既述のとおり，障害者のアクセシビリティについては，1991年障害者リハビリテーション法に関連規定が初めて定められた。しかしながら，同法は非常に簡潔なものであり，実際の運用のためには，省令等の施行細則を定める必要があったが，施行段階で準備されていなかった。法律を制定したにもかかわらず施行細則が未整備のために，実施までに時間がかかってしまう事態はタイではよくみられる。
　障害者アクセシビリティについても同様の問題が発生した。原理原則のみを定めるだけで詳細が定められていないため，設置義務を有する当事者は対応することができない。
　このタイムラグが発生している最中に，バンコクで初の高架鉄道が建設された。バンコクの高架鉄道は，当初は1998年12月のアジア競技大会の開催にあわせて開通する予定であった。しかし，建設が間に合わず，最終的に，1999年12月5日のラーマ9世72歳の誕生日に開通した。そのため，正式名称は「国王陛下御誕生六周支祝賀鉄道」となっている。しかしながら，通常は，バンコク大規模交通システム（Bangkok Mass Transit System: BTS）と呼ばれている。当初は，既存の交通手段であったバスや国鉄の運賃と比較して高額であったために利用者は少なかったが，地下鉄との連携といった利便性の向上，平均所得の上昇にあわせて利用者は増加した。現在，朝夕においては通勤ラッシュがみられるようになり，一部の駅では，混雑時の入場規制も行われている。
　この高架鉄道のアクセシビリティに関して，3人の障害者から，中央行政裁判所に対して訴訟が提起された[2]。本事件は，タイにおける障害者の

---

2) タイは，日本とは異なり，4つの裁判所系統がある。すなわち，司法裁判所，憲法裁判所，行政裁判所，軍事裁判所である。本事件は，行政に関するものであったので，行政裁判所に訴訟提起された。

問題だけでなく，法制度の問題を端的に示している事件であるので，当該訴訟の内容についてみていく。

事件はまず，第1審である中央行政裁判所で原告の主張が退けられた。しかし，上訴審である最高行政裁判所では，原告の主張が認められ，逆転勝訴となった。双方に共通する論点として，①被告適格（原告が当該相手を訴えることができるか否か），②出訴期間，③義務の懈怠の有無が挙げられている。

原告の主張は非常にシンプルで，契約時にはすでに1991年障害者リハビリテーション法が施行されており，当然被告は障害者のアクセシビリティを確保するための行動をする義務があるというものである。他方被告は，本訴訟に勝つために，義務の懈怠が存在しなかったことを主張するとともに，そもそも原告は訴えることができないとして，対抗した。①の被告適格の問題は，被告に民間会社が含まれており，当該会社は行政機関を対象とする行政事件においては，被告とはなりえないことを主張した。つぎに，②の出訴期間について，訴訟提起は法的安定性などの観点から，通常時間制限が設けられているが，本事件は，原告と被告の間で事前にさまざまな交渉があったため時間が経過しており，どの時点を起算点とするかという問題があった。起算点によっては出訴期間を超過するため，被告としては，出訴期間を問題として，訴訟提起は認められないと主張することとなる。最後に，③の義務の懈怠は，「法律不遡及の原則」にかかわる問題である。「法律不遡及の原則」とは，新たに制定される法律がその制定前の事実にさかのぼって適用されることはないという原則である（竹内・松尾・塩野 1989, 1309）。この論点が浮上したのは，1991年障害者リハビリテーション法の施行と施行細則の施行とのあいだに時間差が生じたからである。この立法不作為から起因した問題をどのように裁判所が判断するかが，本事件において最も重要な論点である。そして，この争点に関する判断が，第1審と上訴審で異なるに至り，結果が正反対となった。それゆえ，各審の内容を把握するために，上記の争点のうち，③の義務の懈怠の問題に着目して，以下の記述を読んでいただきたい。

2-1 内容

(1) 中央行政裁判所判決仏暦2552（西暦2009）年1431号事件

最高行政裁判所判決仏暦2557（西暦2014）年650号事件によれば，原審である中央行政裁判所判決仏暦2552（西暦2009）年1431号事件の概要は以下のとおりである。

3人の原告のうち，1名（原告1）は出生時から両足がなく，残りの2名（原告2，原告3）は，事故により両足の感覚がなくなっており，全員車いすを使用している。原告全員は，バンコク都（被告1），バンコク都知事（被告2），バンコク都施設部長（被告3），バンコク大規模交通システム株式会社（被告4）を相手取り，訴訟を提起した。

① 原告の主張

原告の主張内容は以下のとおりである。

被告4は，1991年頃，被告1よりBTSのための独占権を取得し，それに基づき23の駅を建設した。各駅には，乗客休憩所，チケット売場，プラットホーム，レールが付置されているが，利用するには階段またはエスカレーターを利用しなければならなかった。しかし，23ある駅のうち，18の駅では，障害者，身体的弱者または高齢者のための設備がなく，また，残りの5つの駅においては，エスカレーターとエレベーターがいくつか設置されているが，スロープ，標識，点字案内，電光掲示板等がないため，原告および一般の障害者は，利便性を得ることができず，ほかの人からの支援に頼らざるを得ない状況であった。このため，原告は，障害者の就業や社会参加を促進する事を目的とした，「平等のための独立委員会」を組織し，全被告に対して，不足している設備等の設置を文書で求めた。しかし，被告が要求に応じて設置することはなかったため，再度文書で請求するとともに，被告と交渉し，また政府および民間の関係者を交えて協議を行ったが，被告1から被告3は要求に応じた設置を怠っている。

それゆえ，原告は中央行政裁判所に提訴し，以下の内容を命ずる判決または命令を請求した。

(1) 1999年労働社会福祉省令第6条および第7条2項ならびに2001年障害者リハビリテーション委員会規則第4条6号（ア）〜（オ）に従

い，23駅にエレベーターを設置すること。
(2) 1999年労働社会福祉省令第5条および2001年障害者リハビリテーション委員会規則第5条3号（ア）～（キ）に従い，23駅に設備および器具を設置すること。
(3) 1999年労働社会福祉省令ならびに2001年障害者リハビリテーション委員会規則第7条（エ）および（オ）に従い，車両に，車いすスペースおよび手すりを設置，また車両内外に障害者マークを添付すること。

② 被告1から3の主張

上記請求に対し，被告1から3は以下のように反論した。

まず，義務の懈怠に関連する反論である。すなわち，被告4とBTS建設のためのコンセッション契約を締結したのは1992年4月9日であり，1999年労働社会福祉省令および2001年障害者リハビリテーション委員会規則は契約当時施行されていなかった。法律には遡及効がないので，被告全員に実施させることはできないし，また，当該コンセッション契約には，被告4が障害者向けの設備等の設置を義務づける規定が存在しない。しかし，その後当該事案に関係する請願があった際，内閣は，被告1に対して，障害者向けの設備等の設置を命じ，被告1も18の駅においてエレベーターを設置しようとしていた。

つぎに出訴期間に関連しての反論である。すなわち，原告の請願について，被告は何もしなかったという原告の主張に対して，原告とのあいだの最後の協議が2006年4月27日であり，原告は当該日から90日以内に行政裁判所に訴訟提起しなければならないところ，実際に提起したのは2007年9月13日であるので，仏暦2542（西暦1999）年行政裁判所設置及び行政事件手続に関する法律（以下，行政裁判所手続法）の第49条に定められている出訴期間を徒過しているとした。

③ 被告4の主張

被告4は，原告の障害者性，被告適格，義務懈怠，出訴期間の点から主張している。

原告の障害者性について，原告3人は，1991年障害者リハビリテーショ

ン法第 4 条および「仏暦 2534（西暦 1991）年障害者能力回復法に基づき発布された仏暦 2537（西暦 1994）年省令（第 2 版）」（以下，1994 年労働社会福祉省令）第 4 条（ウ）号に基づく障害者ではないとした。

つぎに被告適格について，被告 4 は，自身は行政機関に当たらないとともに，会社更生中であるから自身に被告適格がないことを主張した。自身が行政機関に当たらないとする理由として，被告 4 は，まず自身は民間会社であり，BTS 建設のため契約条件に従って投資を行い，すべて自己の判断で運営を行っているとともに，被告 1 の監督下にあるわけではないので，行政裁判所手続法第 3 条が定める行政機関に当たらず，また被告 1 から 3 の代理でもないので，被告適格を有しないとする。

つぎに，現在，自身は会社更生中であり，行政裁判所の管轄について定める行政裁判所手続法第 9 条 3 号（判決文には第 9 条 2 項 3 号と記載）に基づき，被告適格を有しないとした。さらに，会社更生中においては，債務者の財産に関する民事事件の禁止および支払い等の債務履行を求めることを仏暦 2483（西暦 1940）年破産法（以下，破産法）が禁止していることを根拠に，原告による訴訟提起は許されないとするとともに，たとえ認められていても，執行できないと主張した。

つぎに義務懈怠については，コンセッション契約を締結した時点では，1999 年労働社会福祉省令および 2001 年障害者リハビリテーション委員会規則は施行されておらず，また 23 駅の所有権は被告 1 に移転しており，設備の未設置の問題について，自身に責任はないとする。さらに，当該コンセッション契約には，エレベーター等の設備，器具の設置に関する条項は存在していないので，義務懈怠には当たらないとした。

最後の出訴期間について，原告は，被告からの連絡を 2006 年 4 月 27 日以降受領していないため，2006 年 7 月 26 日までに提訴しなければならないにもかかわらず，実際に提訴したのは 2007 年 9 月 13 日であることから，行政裁判所手続法第 49 条が定める出訴期間超過により，訴訟の却下とともに，原告に手数料および弁護士費用の支払いを命ずるよう求めた。

④　被告 1 から 3 の主張に対する原告の反論

遡及適用の問題について，障害者の保護と支援を目的とする 1991 年障

害者リハビリテーション法第17条は，担当大臣に，障害者のための設備・器具等を設置しなければならない，建物，駅，車両，その他公共サービスの種類を規定する省令を発布する権限を与えていることと，また当該法律が施行される理由から考えるに，同法は一般の人と同等かつ平等に障害者が生計を立て，社会活動に参画することを目的としていると考えられるとする。そして，法律には遡及効はないという主張は，刑事法については当てはまるとする。しかし，障害者のための設備等の設置の場合には，法律，省令，規則において，既存の建物，駅，車両等に対して適用を除外する規定はなく，1999年労働社会福祉省令および2001年障害者リハビリテーション委員会規則が施行される以前に被告1と被告4がコンセッション契約を締結していても，被告1から3に対して，義務を発生させるとする。

出訴期間について，原告は2005年から被告に対して請願をしてきたが，訴訟提起をした2007年9月13日に至るまで被告が完全に履行することはなかったため，義務を懈怠しているとみなすことができ，行政裁判所手続法第49条に定められている期間を超過しないとする。また，利益を得る人は約70万人にもなる全障害者であり，本訴訟提起は公共の利益を保護するものとなるので，同法第52条に基づきいつでも訴訟を提起することができるとする。

⑤ 被告4の主張に対する原告の反論

原告全員は1991年障害者リハビリテーション法第4条および1994年労働社会福祉省令に基づき，障害者であるとする。

被告適格に関連して，被告4は被告1とコンセッション契約を締結することにより，事業収入を得る権利を取得するとともに，大規模交通システムを保守管理する権限を有しており，そのことから，行政権限の行使または行政事業の実施をする権限を有すると解される。さらに，会社更生との関係においては，本訴訟は法律で定められた義務の懈怠である障害者用設備等の設置の実施を求めたものであり，会社更生中の被告4の財産に影響はないので，破産法が適用される事件ではないとした。

⑥ 被告1から3の追加主張

法律が施行される前に完成した部分に追加して設備等を設置する際には，工学的に可能かどうか検討するとともに，建物への影響を考慮する必要があるとした。

⑦　被告4の追加主張

被告1とコンセッション契約を締結したとしても，被告1から3の指揮命令下にあるわけではなく，かつ行政権限の委譲を受けたこともない。また，コンセッション契約のなかには，行政的権限を行使する条項は存在しないし，また行政権限を民間に移譲することを認める法律も存在していないとする。

また，もし原告の請求どおりエレベーターをはじめとした，障害者用の設備・器具を設置しなければならないとすると，7億バーツ以上となり，会社更生中の財産状況に大きな負担となるので，訴訟を提起できないとする。

また，関係法令が施行されていなかったうえに，駅等の施設の所有権は被告1に譲渡しているため，設置義務はなく，義務の懈怠に当たらないとした。

加えて，原告3は，行政裁判所手続法第49条の出訴期間を超過していると主張した。

⑧　中央行政裁判所の判断

中央行政裁判所の命令に従い，被告1および2は次のように報告した。すなわち，民間投資によるBTS建設時，障害者に関する政策，計画は存在していなかったが，その後5つの駅にエレベーターを追加して設置する際，バンコク都の予算のほか政府からの支援金1億4519万4590バーツを使用した。さらに，残りの駅のエレベーターや障害者のための設備等について，被告1は被告4とともに予備調査を終了し，今後の承認のために詳細について検討中であったことがその内容である。

中央行政裁判所は検討の結果，3つの論点を提示した。すなわち，第1に，原告は被告4を訴えることができるか否かについて，第2に，出訴期間について，第3に，被告の義務懈怠についてである。

第1の論点である被告適格について，1972年の革命団布告[3]第58号に

基づき，被告2を監督者として，被告1が内務大臣から許可を得た結果，被告4は契約条件のもと，建設・運営者として，独占権を入手した。独占権を得た当該計画が大規模交通に関するものであることから，仏暦2528（西暦1985）年バンコク都統治規則法（以下，1985年バンコク都統治規則法）第49条に基づく被告1の権限の行使に基づいた公共サービスの運営であり，当該コンセッション契約は行政裁判所手続法第3条に定める行政契約に相当すると考えられる。それゆえ，被告4は行政行為としての交通事業の運営について，契約に基づき授権していると考えられ，原告の請願を実行していないことにより，原告は行政裁判所手続法第9条1項2号に基づき，行政裁判所に訴訟を提起できるとした。

その他，会社更生との関連については，当該行政訴訟は破産法第90条の12が定める民事訴訟ではないとするとともに，原告は全員障害者であるとして，最終的に被告4の被告適格を認めた。

第2の論点である出訴期間について，原告が最初に被告2に対してエレベーター等の設置を求めたときの最終書類は2007年3月5日付である。これを起算点とすると行政裁判所手続法第49条に定められている90日以内を経過しているが，本訴訟は，障害者および高齢者一般という全体の利益に寄与するので，行政裁判所手続法第52条2項に基づき受理できるとする。

第3の論点は，被告が法律により定められた義務を懈怠しているか否かについてである。

アクセシビリティに関する障害者の権利を定めた1997年憲法第55条，バンコク都およびバンコク都知事の責務を定める1985年バンコク都統治規則法第49条，1991年障害者リハビリテーション法第17条1項1号に基づいて定められた，1999年労働社会福祉省令第2条および第4条，2001年障害者リハビリテーション委員会規則を検討した結果，憲法上権

3）「革命団布告」は，1958年のクーデターにより政権を奪取したサリット・タナラットが憲法の廃止にともない，立法機関不存在の状況下において現実の統治に対応するために活用した法形式である。正式な改廃手続が行われないかぎり，その効力は維持される。

利が認められていたとしても，公共の便宜の供与および支援をするためには法律の規定が必要であるとする。そして，契約締結当時，1991年障害者リハビリテーション法は目的を表すのみであり，詳細が定められていないなかで，被告が障害者のための設備等を設置した場合，法令に違反することはないが，設置の際に検討しなければならない要素として，予算，設備を設置した場合の建物の強度，大規模交通システムの運営，利用者への影響等を指摘する。

そして，被告1と被告4は1999年労働社会福祉省令および2001年障害者リハビリテーション委員会規則が施行される以前の1992年4月9日に契約を締結しており，その当時は障害者向けの設備等を設置すべき施設，設置すべき設備等の規格に関する詳細な規定が存在しなかったので，被告1から4が設置しなかったことは，当時の法律に基づき義務を履行しており，被告全員が法律の定めによる義務を懈怠しているとはいえないとした。

また，当該契約が関係省令および規則が施行される以前に締結されたとしても，設置免除の規定が存在しない以上，施行日において設備等を設置しないことは1991年障害者リハビリテーション法の目的，法の支配に反し，また，無慈悲な行政権限の行使であるとの原告の主張に対して，1991年障害者リハビリテーション法の目的は障害者の保護，支援，社会進出の確保等であるが，同法第17条は，ただ障害者の保護・支援のみを規定しているだけであり，担当大臣は社会，経済，文化への影響とともに，予算，追加支出など，さまざまな側面における発展段階を考慮のうえ，障害者用設備を設置する建物等を定める省令を発布しなければならないとした。さらに，法令が施行される前に建設または計画された建物に対して，事後的に設備等を設置する場合には，工学的に可能であるか，支払増額により計画にどのような影響をあたえるかを同時に検討しなければならないとする。そして上記要素の検討の結果，エレベーター等の設備の未設置は，1991年障害者リハビリテーション法の目的または法の支配への違反，無慈悲な行政権限の行使には当たらないとした。

さらに，原告が障害者用の設備等の設置を請願した後，被告は重要かつ

乗客数の多い5つの駅にエレベーターおよび設備等の増設をしており，これは事後的に定められた規則に沿った責務の実行であると考えられる。また，被告1および2は，残りの駅について，被告1および4が今後の設置のために調査中であることを明らかにしていることから，原告および障害者一般の困難および損害を是正するために，場面に応じて適切に法令が定める義務を実行しており，明らかになった事実からは被告は法令が定めている義務を放棄し，または適切な時間を超過して実施しているとはいえないとして，原告の請求を棄却した。

(2) **最高行政裁判所判決仏暦2557（西暦2014）年650号事件の概要**
① 原告の主張

第1審の中央行政裁判所は，被告に義務の懈怠は存しないと判断したので，原告は最高行政裁判所に上訴した際に，当該論点について再度主張した。

全被告が義務を懈怠していたとする主張の根拠として挙げているのは，第1に，たとえ，関係する省令・規則が施行される前に契約が締結され，設置すべき建物や設備等が判明しなかったとしても，被告は，1985年バンコク都統治規則法により直接責任を有する行政機関および政府担当者であり，設備等の設置義務があるにもかかわらず，原告が直面する困難について知りながら無視していることを挙げる。

第2に，海外視察により，世界的な流れとして設置をすることが求められていることは知っていたとするとともに，被告4の文書からも，被告1から被告3が障害者用設備等の設置の必要性とその詳細を知っていたことがわかるので，これらの経緯から，被告は法律で定められている義務を無視する意図があるのが暗示されるとする。

第3に，設備等設置の際におけるさまざまな要素の考慮について，必要ないとする。なぜなら，障害者が1人または何人いるかにかかわらず，政府は無条件に，すべての人に平等に公共事業の利益を得させる義務があり，また1985年バンコク都統治規則法および1991年障害者リハビリテーション法には要素を考慮するような例外規定が存在していないからである。

第4章 タイにおける障害者アクセシビリティの法的保障と実現における問題

　最後に，本訴訟は，原告，一般人，障害者，高齢者，疾病者があまねく平等に，被告の事業であるBTSにおいて，往来またはサービス利用の利益を受ける手立ての問題を解決するものであり，本件の解決は契約締結時期，執行力の存否を検討するより重要であるため，法律に定められていることを履行しない理由として，法律には遡及効がないと主張することは，不誠実または法律に反した権利行使であるとした。そして，障害者と高齢者の人数に関する統計を示したり，行政裁判所手続法の御名者であるラーマ9世の障害者に対する言葉を引用したりして，被告の対応を批判した。
　上記理由に基づき，被告が依然として設置していないかぎりは，中央行政裁判所は，まず被告に設置義務があるかどうかを先に論点とすべきであったとし，最高行政裁判所には，第1審判決を破棄し，原告の請求どおり，被告に障害者用の設備等の設置を命ずることを求めた。
　② 被告1から3の反論
　原告による上訴は違法であると反論する。その理由として，第1に，第1審判決がどのような形で法律に違反しているかを反論していない，第2に，第1審で主張していなかったことを突然主張し始めたことを挙げる。
　③ 被告4からの反論
　出訴期間について第1審と同様の主張をした後，義務の懈怠については，コンセッション契約締結時点において，1999年労働社会福祉省令および2001年障害者リハビリテーション委員会規則が不存在だったこと，さらに契約条項に何ら規定されていなかったことから，懈怠していないとする。さらに，一部駅では設置済であるうえ，その他の駅においても計画中であることも補強理由として追加して主張した。
　さらに，たとえ障害者が1人または何人いるかにかかわらず，政府は無条件に，すべての人に平等に公共事業の利益を得させる義務があるとの原告の主張に対しては，法律の定める義務の懈怠についての論点ではないし，また政府予算がないためどうにもならないとする。また，ラーマ9世の言葉を援用することは，争点に関係ないとする。
　④ 最高行政裁判所の判断
　最高行政裁判所は，コンセッション契約および会議日程等の事実確認を

したのち，3つの論点を提示した．すなわち，被告適格，出訴期間および義務の懈怠についてである．

　まず，被告適格については，第1審では問題とならなかった，被告3である，バンコク都施設部長についてとりあげ，原告は被告3が義務の履行をどのように行ったかについて何ら事実を示していないので，原告が被告3を相手取り訴訟を提起できる基礎となる，困難または損害を被ったことはなかったことになり，被告3は被告適格を有していないとした．

　出訴期間については，行政裁判所手続法第52条が，例外として，訴訟提起が全体の利益またはその他必要な理由があるときは，90日を超過していても受理できるとし，中央行政裁判所による受理命令は最終と判断でき，訴訟受理可能とする．

　最後は義務の懈怠についてである．1997年憲法第55条，1985年バンコク都統治規則法第49条1号および第89条1項2号，1991年障害者リハビリテーション法第17条1項および第20条，1999年労働社会福祉省令第2条，第4条および第7条，2001年障害者リハビリテーション委員会規則第2条および各章を検討した結果，次のように判示した．

　まず，被告4は，地方公共団体である被告1とコンセッション契約を締結したことにより，BTS事業の実施機関となり，行政的な事業である大規模交通における公共サービスを実施するための権限の委譲を受けている．それゆえ，被告4は，BTSに関するコンセッション契約に基づいて行う行政的な事業に限定して，行政裁判所手続法第3条に該当する行政機関であり，1999年労働社会福祉省令および2001年障害者リハビリテーション委員会規則に基づき障害者用の設備等を設置する義務を負っているとする．

　つぎに，被告1および2の義務の懈怠についてであるが，まずコンセッション契約が1999年労働社会福祉省令および2001年障害者リハビリテーション委員会規則の施行前に締結されているとしても，1991年障害者リハビリテーション法において，既存建物等に対する適用を除外する規定が存在しないので，1999年労働社会福祉省令および2001年障害者リハビリテーション委員会規則の施行後は義務が発生するとする．

第4章 タイにおける障害者アクセシビリティの法的保障と実現における問題

　また，当該訴訟のなかで，5つの駅でエレベーターやエスカレーターなどを設置していることが明らかになったが，被告2に代表される被告1は，残りの18の駅にエレベーターを設置しない理由や，その他の設備等を設置しない理由，さらに，どのような制限，問題，障害が存在するのかを明らかにしておらず，ただざまざまな要素，影響を考慮に入れなければならないと主張しているだけである。しかし，被告1と2が中央行政裁判所に行った報告，被告4がバンコク副都知事にあてた文書，被告2が内閣官房長官にあてた文書からわかることは，第1に，被告1および2が，残りの駅にエレベーターや障害者用の設備等を設置するための予備調査を実施し，今後の承認を得るために詳細について検討していること，第2に，被告4が障害者用の設備設置の重要性を考慮し，事業遂行のなかで，可能なかぎり，障害者用の設備等を設置し，将来的にも増設できるように努力したいとすること，また，第3に，5駅でのエレベーター設置のために，政府に予算支援を求め，残り18の駅でのエレベーター設置については，バンコク都の予算を割くことを検討していることである。これらより，障害者用の設備等の設置は，被告2に代表される被告1が実現できる範囲と考えられるとした。
　そのうえで，1994年労働社会福祉省令および2001年障害者リハビリテーション委員会規則の施行から，原告による訴訟提起まで，6年以上が経過しているにもかかわらず，23の駅のうち，エスカレーターとエレベーターが設置されているのが5つの駅のみであることから，法律で定められた義務を懈怠している，と判示した。
　それゆえ，第1審判決を破棄し，被告2に代表される被告1に以下の事を命じた。
(1) 1994年労働社会福祉省令第6条および第7条2項ならびに2001年障害者リハビリテーション委員会規則第4条6号（ア），（イ），（ウ），（エ）および（オ）に基づき，23すべての駅にエレベーターを設置すること。
(2) 1994年労働社会福祉省令第6条ならびに2001年障害者リハビリテーション委員会規則第5条3号（ア），（イ），（ウ），（エ），（オ）

おょび（カ）に基づき，23すべての駅に設備・器具を設置すること。

(3) 1994年労働社会福祉省令ならびに2001年障害者リハビリテーション委員会規則第7条（エ）および（オ）に基づき，電車用の設備，すなわち車いす用スペース，手すり，および車両内外に障害者マークを添付すること。

上記についての実施は判決日から1年以内に完了し，被告3への訴えおよび論点3に関する原告の上訴は棄却する。判決に従って実施する際の方針および実行方法について，被告4は被告2と協力しながら行うこととする。

2-2 評価

本訴訟は，第1審では原告の請求が認められなかったが，上訴審である最高行政裁判所は原告の請求をすべて認める判決を出した。その重要論点は，被告に義務の懈怠が存在するか否かであった。第1審では，「法律不遡及の原則」をもとに，契約時に施行細則が存在しない以上，義務は存在しないとするとともに，一部駅での設備設置や今後の設置を検討していることから，義務の懈怠には当たらないとした。上訴審では，契約後に公布された施行細則には既存施設への適用が除外される旨の規定が存在していないことと，被告の努力，認識，予算状況から，実施可能であるのに実施しなかったとして，義務の懈怠が認定された。被告による努力等の要素が，正反対の結果を招いている。

本訴訟を惹起し，また複雑にしたのは，立法の問題である。1991年障害者リハビリテーション法は1991年11月25日に公布され，1992年5月23日に施行されたにもかかわらず，アクセシビリティに関する施行細則が公布・施行されるまで思いのほか時間がかかった。1991年障害者リハビリテーション法第15条1項1号に定められた，建物，駅，車両等における障害者のための設備等に関する省令は1999年12月17日に公布・施行され，さらに，設置する設備等の企画・基準を定めた規則は，2001年5月31日に施行された。原理を定めた1991年障害者リハビリテーション法

の施行から，設置すべき設備等の規格を定めた規則の施行まで9年を要している。

　さらに，既存建物等の取扱いについて何ら明示がなかった事も，事態を複雑にした。たとえば，日本の「高齢者，障害者等の移動等の円滑化の促進に関する法律」は，第8条1項において，旅客施設の新設もしくは大規模改良を行うときまたは車両等を新たにその事業の用に供するときに限定して適合義務を課している。バリアフリーの完全化の観点からみると，このように既存施設を除外することは問題であるが，少なくともバリアフリー化をしなければならない施設の範囲は明確となる。しかしながら，タイにおいては，障害者用の設備等を設置すべき施設を規定する省令，設置すべき設備等が有する規格を定める規則が，五月雨式に，何の制限もなく公布・施行されている。これでは，設置義務者は，どの建物に，どのような設備を，どのような規格で設置しなければならないか判断する事ができない。裁判で議論となった，「法律不遡及の原則」の点から考えると，原告が主張しているように，刑事法分野においては厳格に禁止されるが，それ以外の分野では絶対的なものではなく，新法を遡及させる必要があるのであれば，さまざまな要素を考慮のうえ，認められる場合がある。しかし，もし既存の施設も対象とするのであれば，当該原則を修正することになるので，明確な規定が求められる。新規法令を既存建物に適用するにしても，適用しないにしても，その点は明らかにする必要があった。関係省庁が多岐にわたるため，そのあいだの調整などで時間がかかるかもしれないが，五月雨式に施行細則を制定する方式は関係者を困惑させるだけである。

　もう1つの問題は，判決執行の問題である。本事件は，判決後1年以内にその実行が求められている。判決が2015年1月21日に申し渡されたので，2016年1月21日が期間満了日となる。しかしながら，当該期間内に最高行政裁判所が命じたことを実施することはできなかった。判決後に初めてエレベーターが設置・運行されるためには，2017年5月までまたなければならなかった。このような遅れの原因の1つとして，当該施設が新しい設備を増設することに対応したデザインではなかったことがいわれて

いる（Wancharoen 2017）。設計段階において，設備を設置することを想定していなかったとすれば，新たな設置に困難が伴うことは想像に難くない。その困難さを伺い知る事ができる事例が，チョンノンシー駅のエレベーターである（**写真4-1**）。チョンノンシー駅はBTS開通後，訴訟が提起されるまでにエレベーターが設置された5つの駅のうちの1つである。事後的に設置されたエレベーターの乗降口が，道路のなかの島のような部分にある。自動車が通行するなかをかき分けて乗降口に辿り着くには無理がある。

　設置が遅れているほかの理由として，判決執行の問題がある。行政裁判所手続法第72条2項2号は，行政機関が義務の懈怠をしている場合，期間を定めて法律が定める義務の履行を命令することができるとする。しかし，命令に従って実行されなかった場合に，どのように強制するかについて判決当時に規定がなく（Sawaengsak 2013, 461），そのため，行政裁判所としては，未履行の場合に対応をとることができなかった。しかしながら，行政裁判所手続法の第8次改正（2016年4月26日公布，同年6月25日施行）により，理由なく執行文言どおりに行わなかった，または大幅な遅延が生じている場合には，当該行政機関または政府責任者に対して，1回当たり5万バーツを超えない範囲で，過料を科すことができることとなっ

写真4-1　BTSチョンノンシー駅のエレベーター（筆者撮影）

た。しかし，どの程度の頻度で過料を科すのかが明確ではないため，どれだけ実効性があるかは疑問である。

　さて，このような問題を抱えるなかで，原告は，BTSの施設に，障害者用の設備・器具の設置を促進するために，民事訴訟を利用した。すなわち，原告を含めた約100名の障害者がバンコク都を相手取り，損害賠償訴訟を提起したのである。本訴訟の特徴は，クラスアクションが用いられたことと，2007年障害者エンパワーメント法第16条が規定する懲罰的損害賠償制度に基づき，請求額を決定しているところである。

　クラスアクションとは，当事者の多数性，争点の共通性，請求の典型性，代表当事者の適切性などの要件が満たされる場合に認められ，代表当事者が得た判決は勝訴・敗訴にかかわらず，クラスを構成する者全体を拘束する集団訴訟の一類型である（大村 2011, 338-339）。クラスアクションは，2015年の民事訴訟法典改正の際に導入されたものである。障害者を代表して，バンコク都の不作為がもたらした損害賠償請求を行っている。

　懲罰的損害賠償制度とは，主に不法行為訴訟において，加害行為の悪性が高い場合に，加害者に対する懲罰および一般的抑止効果を目的として，通常の填補損害賠償のほかに認められる損害賠償である（田中 1991, 685）。2007年障害者エンパワーメント法第15条は障害に基づく差別を禁止している。さらに，同条が規定する差別を受けた者，または受けるおそれがある者は，「障害者の生活の質の向上と発展に関する国家委員会」に行為の取消しまたは禁止を求めることができるとともに（16条1項），損害賠償請求をすることもできる（16条2項）。裁判所は，故意または重過失により差別行為を行った者に対して，懲罰的損害賠償を科すことができる。同制度の導入は，差別禁止規定に実効性をもたせるためであり（西澤 2010, 134），懲罰的損害賠償の上限は現実損害の4倍に制限されている。今回の訴訟では，1人当たりの請求額として約140万バーツが請求されているとの報道がある一方（Wancharoen 2017），損害賠償額の算定は，1日当たり1000バーツ程度で，1人当たり36万1000バーツとの報道が存在する（Prachathai 2017）。前者が懲罰的損害賠償を含めた金額とすれば丁度計算が合う。この障害者による民事訴訟は，近年のタイにおける法制度

改革の成果をとり入れたものであり，今後の障害者の訴訟に大きな影響を与える，先駆的な訴訟と考えられる。

　しかしながら，先駆的で，野心的な民事訴訟は具体的な審議に入ることなく終了してしまった。裁判所間の管轄問題がその理由である。損害賠償請求は司法裁判所に属する民事裁判所に提起されたのであるが，バンコク都は行政裁判所判決に関連するものであるので，管轄が異なるとの異議を出していた。2018年1月22日，管轄問題についての判断が出され，BTS事件の今後は，移送により行政裁判所に託されることとなった。

　その後利害関係者は，行政裁判所が管轄を有することにともない，2018年5月9日に，中央行政裁判所に対して，損害賠償請求訴訟を提起した。原告は総勢430名で，請求額は1億4800万バーツである（Daily News 2018）。今後の進展が注目される。

おわりに

　これまで，障害者アクセシビリティに関する法令およびBTS事件について検討してきた。情報アクセシビリティを含めたタイにおけるアクセシビリティの現状について，Disabilities Thailand and Network of Disability Rights Advocates（2016）は，政府は障害者アクセシビリティを法制化しているが，その執行のための効果的方策が欠けていると評価する。施行細則不存在，遅延，予算不足といった原因で実効性がないのはタイをはじめとした開発途上国が共通に抱える問題であるが，障害者アクセシビリティにおいては施行細則である省令・規則の公布遅延が生じた。列挙されている器具，設備等は充実したものであるが，それらが実際に整備されるための対策は不十分で，執行面での問題は改善されていない。障害者団体は2007年憲法，2007年障害者エンパワーメント法の制定過程において長年継続している問題状況を打破することを試みたが，現時点ではその思いは結実していない。

　タイの状況は体裁を整え，外面を見栄えよくしているのみであると評価することもできる。しかし，いったん体裁を整えてしまうと，その体裁が

第 4 章　タイにおける障害者アクセシビリティの法的保障と実現における問題

根拠となってしまう。検討してきた BTS 事件も，体裁としての 1991 年障害者リハビリテーション法とその施行細則を根拠とすることができたからこそ，裁判を提起することができたといえる。本事件は継続中であるが，既存建物に限定しない形で設置義務を認定した行政裁判所の判断は 2007 年障害者エンパワーメント法のもとでも大きな影響を有すると考えられる。

写真 4-2　各駅の出入口とエレベーターの設置場所を表示するスマートフォン-アプリの画面（筆者撮影）

写真 4-3　地下鉄の駅に設置されている設備を表示するスマートフォン-アプリ（筆者撮影）

143

BTS建設以後，バンコク近郊では大規模交通システムの建設が続いている。BTS建設後に作られた地下鉄においては，障害者用の設備・器具等が設置されるようになっており，いまや技術の発達により，各駅にどのような設備が設置されているかをアプリケーションで確認できるようになっている（**写真4-2，4-3**）。このアプリケーションで確認すると，最初に開通した路線の駅におけるエレベーターの設置状況が新線の駅と比較して不十分であることがわかる。その他，最初に開通した路線の18の駅には，全部で60の出口があるが，車いすで出ることができるのは31のみであるとの報告がある（Wiriyaprasat 2013, 40）。既述したチョンノンシー駅のエレベーターと同様に，既設の設備が基準を満たしていないものも多

写真4-4　スワンナプーム空港に設置されているスロープ（筆者撮影）

い。このほか，タイの空の玄関口であるスワンナプーム空港では，搭乗口に下りるためのスロープが設置されているが，車いすの操作を誤ると落下する可能性が高く，改善が必要である（**写真 4-4**）。今後のアクセシビリティの改善の場面において，この BTS 事件の顚末が大きな影響を与えることは間違いない。終結するまで同事件の動向を追っていきたい。

〔参考文献〕

〈日本語文献〉

今泉慎也 2002.「タイの裁判制度改革の現状と課題」小林昌之・今泉慎也編『アジア諸国の司法改革』日本貿易振興会アジア経済研究所: 91-128.

大村敦志 2011.『消費者法』（第 4 版）有斐閣.

竹内昭夫・松尾浩也・塩野宏編 1989.『新法律学辞典』（第 3 版）有斐閣.

田中英夫編 1991.『英米法辞典』東京大学出版会.

西澤希久男 2010.「タイにおける障害者の法的権利の確立」小林昌之編『アジア諸国の障害者法──法的権利の確立と課題』日本貿易振興機構アジア経済研究所: 119-148.

吉村千恵 2012.「タイの障害者立法の制定過程（1991 ～ 2007 年）──障害当事者の役割を中心に」今泉慎也編『タイの立法過程──国民の政治参加への模索』日本貿易振興機構アジア経済研究所: 185-229.

〈英語文献〉

Disabilities Thailand and Network of Disability Rights Advocates 2016. "Thailand CRPD Alternative Report For the UN Committee on the Rights of Persons with Disablities."（http://tbinternet.ohchr.org/Treaties/CRPD/Shared%20Documents/THA/INT_CRPD_CSS_THA_23388_E.doc　2017 年 2 月 19 日最終アクセス）.

Wancharoen, Supoj 2017. "Four BTS Stations Receive Much-needed Lifts," *Bangkok Post* 4 March（http://www.bangkokpost.com/news/transport/1208629/four-bts-stations-receive-much-needed-lifts　2017 年 3 月 6 日最終アクセス）.

〈タイ語文献〉

Daily News 2018. "Klumkhonphikanfongkothomo. Pommaimamnuaisaduakbonrotfai Faifabithies," 9 May.

Prachathai 2017. "Khonpikanyuenfong kothomo chotchoeikhasiahai langsanglif BTS maisetloeikamnotkwa1pi."〔規定の 1 年を超過して BTS にエレベーター未設置，

障害者がバンコク都に損害賠償訴訟を提起］*Prachathai* 20 January（https://prachatai.com/journal/2017/01/69706　2017 年 9 月 13 日最終アクセス）．

Saphanitibanyatheangchat［国家立法議会］2007a. "Rainganprachum khanakammathikanwisamanphicarana rangpho.ro.bo.songsoemlaephatanakunnaphapchiwitkonpikan pho.so.... Saphanitibanyatheansgchat krangthi3, "［仏暦…年障害者の生活の質の向上と発展に関する法律草案を審理する特別委員会第 3 回議事録］25 May（http://www.senate.go.th/jeab/admin/files/prb/97/47_3.pdf　2009 年 7 月 7 日最終アクセス）．

—— 2007b. "Rainganprachum khanakammathikanwisamanphicarana rangpho.ro.bo.songsoemlaephatanakunnaphapchiwitkonpikan pho.so.... Saphanitibanyatheangchat krangthi3, "［仏暦…年障害者の生活の質の向上と発展に関する法律草案を審理する特別委員会第 4 回議事録］30 May（http://www.senate.go.th/jeab/admin/files/prb/97/47_4.pdf　2009 年 7 月 7 日最終アクセス）．

Samnaknganplatkrathuangkhomnakhom［運輸事務次官室］2015. "Raingancabapsombunphaitaikhongkansuksa samruat phueakanpramuenlaehaikhosanuenaenaikanprapprungkhronsang phuenthankankhonsongsatharana phueakhonphikan dek laephusungayu khongkrathuangkhomnakhom rayathi1, "［障害者，児童および高齢者のための公共交通基盤改善における評価および提案のための研究調査プロジェクト第 1 フェーズ報告書（完全版）］（http://www.mot.go.th/file_upload/2559/report_forDisable/complete_report_disable11-11-58.pdf　2017 年 2 月 14 日最終アクセス）．

Sawaengsak, Chanchai 2013. *Khamathibai kotmaicattangsanppkkhrong laewithiphicaranakhadipokkhrong*, ［行政裁判所設置および行政事件手続に関する法律の解説］Phimkhrangthi8［第 8 版］Krungthp: Winyuchon.

Wiriyaprasat, Chanitsada 2013. "Thukkhonmissitthi Rotmae Thukkontongkhundaithukkhan, "［誰もが権利を有する．バス…誰もがすべての車両に乗ることができなければならない］*Chalatsue*［賢い買物］154: 38-42.

第5章
フィリピンにおける障害者のアクセシビリティ法制

森　壯也

はじめに

　本書のテーマは,「アジアにおける障害者のアクセシビリティ法制」である。障害法制ないし障害学でアクセシビリティというと,よく引用されるのが,障害をもつアメリカ人法（ADA）[1]やその実施のためのアクセシビリティ・ガイドライン（ADA Accessibility Guidelines）である。しかし,驚くべきことであるが,じつはADA自身には,アクセシビリティという言葉の定義は存在しない。これに代わる連邦政府レベルの文書として,2010年6月29日に司法省と教育省が出した「同僚議員への書簡」（Dear Colleague Letter）と呼ばれる議員から同僚議員や大統領にあてた書簡での記述がある。同文書は,視覚障害学生にアクセシブルではない電子書籍リーダーが用いられていることに司法省と教育省が懸念を表明したもので,そこでは「アクセシブル」（Accessible）が次のように定義されている。

　『アクセシブル』というのは,盲人個人が完全かつ平等にアクセスできることで,彼らが自立して使用できて,それによって,盲学生や教授陣が同じ授業で同じ情報を享受することができ,晴眼者の学生や教授陣と本質的に同等にたやすく利用できる形で,サービスを享受することができることを意味する。

これは特定の障害について具体的な形でアクセシビリティに言及したものである。アクセシビリティの問題は，すでに本書序章で詳説されているように「障害（者）アクセシビリティ」という形で，「障害と開発」分野でも最重要概念の1つとなっている。しかし，ADAにおいてすら当初この用語の由来は，盲人の問題などかなり具体的な問題に限定されていたことがわかる。

　一方，国連障害者権利条約（CRPD）は第9条でアクセシビリティと題した章をとくに設けており，「障害者が，他の者との平等を基礎として，都市及び農村の双方において，物理的環境，輸送機関，情報通信（情報通信機器及び情報通信システムを含む。）並びに公衆に開放され，又は提供される他の施設及びサービスを利用する機会を有することを確保するための適当な措置をとる。この措置は，施設及びサービス等の利用の容易さに対する妨げ及び障壁を特定し，及び撤廃することを含むものとし，特に次の事項について適用する」（日本政府外務省公定訳）として，「利用する機会の確保のために，利用の容易さに対する妨げ及び障壁を特定し，及び撤廃する」ことがアクセシビリティの保障につながるとしている。これが先に述べたような障害領域における障害アクセシビリティの意味である。ADAから四半世紀近くを経た障害者権利条約では，アクセシビリティ概

1）　2018年2月下院は米国の障害当事者団体等の反対にもかかわらず，ADA教育改革法案（ADA Education and Reform Act (H.R. 620)）を可決した。同法は，表向き米国司法省にADAのさらなる遵守を働きかけるものとなっているが，実際にはADAの骨抜き法案だといわれている。この改正法は，実質的にアクセシビリティの問題などの遵守の力を弱めるものとなっており，そのポイントは2点ある。まず1点は，連邦政府からの予算的措置なしに民間企業にADA教育をすることで，これは現在司法省によって行われている同法の啓蒙活動を後退化させる恐れがある。もう1点は，アクセシビリティに関する問題の訴訟についてである。レストラン等の民間ビジネスに対しアクセシビリティに問題があると感じた障害当事者に，まず当該ビジネスに書簡を提出させ，60日間の通知猶予期間を設けたうえで，問題解決のためにさらに120日間の猶予を認めるという。その期間が過ぎてようやく障害当事者は当該ビジネスに対して訴訟を起こせるということになる。これは，ADA違反については，国による罰が即適用されるのではなく，個人訴訟からスタートするように改正してしまうものであり，ADAを用いたビジネスへの訴訟を減らそうとするものとなっている。このように実質的にADAの効力を弱めるものとなっていることが現在，批判されている。

念は，障害者一般にかかわる，より普遍的な概念へと発展していることがわかる。本章で主として論じるフィリピンにおける「障害アクセシビリティ」関連諸法制の発展の状況についての議論も，同様にこうしたアクセシビリティ概念の発展と大きくかかわっている。

然るに国際開発の局面においては，「アクセシビリティ」は，必ずしもこうした概念を包摂していることを共通の理解としていない。2016年，筆者は，フィリピンのマニラに本部のあるアジア開発銀行（ADB）が同所で開催した"ADB Transport Forum 2016"という域内諸国の公共の交通機関についての国際シンポジウムに参加する機会を得たが，そこで改めて，その感を強くした。同国際シンポでは，副テーマを「すべての人たちにとっての持続可能な交通」として，SDGs（持続可能な開発目標）を強く念頭におき，公共の輸送機関における環境問題を中心に議論が展開され，多くの報告があった。しかし，このシンポでの「すべての人たちにとって」の「すべて」は，障害者をまったくといってよいほど考慮の対象としておらず，主として女性と子供をいかにして包摂するかが議論されていた。さらに驚いたのは，「アクセシビリティ」という言葉も同会議では何度もとりあげられたが，そこには「障害アクセシビリティ」についての考察は皆無で，「アクセシビリティ」とは，都市と地方を結ぶという意味の「アクセシビリティ」，つまり「アクセシビリティ」というよりも connectivity（接続性）と呼んだ方がよいような内容についての議論ばかりが繰り返されていた。

いわば，これが国際開発の現状であり，国際開発にかかわる関係者の主流の意識である。障害アクセシビリティは明らかに脇に押しやられており，脇にあるというよりは不可視化されているといった方がよい。こうした障害アクセシビリティの国際開発における周縁化，不可視化には，恐らく背景として次のことがあるだろう。つまり，企画者に障害アクセシビリティの専門家がかかわっていないであろうことや，障害関連国際NGOの力が女性・ジェンダー関連NGOや環境NGOと比べてまだ極端なほどに弱いという問題である。

このような問題についての考察のための素材は，まだ十分に揃ったとは

いえない状況である。しかし，本章では，こうした現状をふまえつつも，ADB本部のあるフィリピン国内では，つまりADBの外壁の外ではどのような障害アクセシビリティへの努力がみられているのかをフィリピン政府の取り組みを中心に考察していく。第1節では，まず1983年というアジアでも早い時期に成立しているアクセシビリティ法について，その概要と現在の状況，とくに新アクセシビリティ法案という新しい動きについて概論的に述べる。第2節では，同国のアクセシビリティ法が主として物理的アクセシビリティであった一方で，新しい動向として，情報アクセシビリティとして同国が取り組んだテレビ字幕放送法という2016年に成立した法律について紹介する。最後にこれら2つの法律の分析から得られたフィリピンにおける障害アクセシビリティ法制の現在および今後の課題について整理する。

第1節　フィリピンのアクセシビリティ法

1-1　アクセシビリティ法—BP344—

　フィリピンのアクセシビリティ法については，現地における障害者の運

写真5-1　地方の市街地は決して肢体不自由者や視覚障害者にはアクセシブルではない（筆者撮影）

第 5 章　フィリピンにおける障害者のアクセシビリティ法制

動の実践は盛んなものの，日本では，鷺谷（2010）の現地におけるJICAプロジェクトの報告や曽田（2015）などを除くと，めぼしい研究はない。海外にまで手を伸ばしてようやくみつかる数少ないもののうち，Reyes, Tabuga and Mina（2015, 18）は，コンパクトに同国の障害関連法制をまとめているが，同論文のアクセシビリティについての節は，「障害者のマグナカルタ[2]のなかの最も重要な側面の1つは，障害者のためのバリアフリーな環境の条項である。中央・地方の両政府は，政府の建物やファシリティについて障害者がより容易に移動できるよう，諸資源の配分や構造的特性の開発を義務づけられている。こうした側面がBP344（Batas Pambansa（国法）第344号，「フィリピン・アクセシビリティ法」"An Act to Enhance the Mobility of Disabled Persons by Requiring Certain Buildings, Institutions, Establishments and Public Utilities to Install Facilities and Other Devices"［特定建築物・諸施設，諸企業，公共施設に諸設備等を備え付けることを求めることによって障害者の移動を拡大させるための法律］, 1983），通称，アクセシビリティ法として知られる法律の中心的な部分である」（訳および補足は筆者による）と，アクセシビリティ法をまとめている。

　1992年に可決されたフィリピンの障害者法の基本となる「障害者のマグナカルタ」は，その第25条で，すでにそれを9年遡る時期に成立していたBP344，アクセシビリティ法をバリアフリー環境の整備のために，「障害者のマグナカルタ」を補完し，実施するための法として，次のように位置づけている。

---

2)　フィリピンの障害者のマグナカルタは，RA第7277号（1992年）で最初に成立したあと，RA第9442号による改正（2007）により医療等での20％の障害者割引と障害者に対する嘲笑の禁止，罰金規定などを加える修正がされた。さらにRA第10070号（2010）によって，各地域での実際の実施のために障害問題事務所（Persons with Disability Affairs Office: PDAO）と呼ばれる機関の設立が定められた。続くRA第10524号（2013）では，障害者の雇用促進のため政府・公共機関での1％の障害者雇用率が留保されている。最新の改正であるRA第10754号（2016）は，障害者を対象としてVAT（付加価値税）の減免を定めている。バリアフリー法は，同法の最初の成立時から第25条の規定のなかに入っている。このほか，「障害者のマグナカルタ」については，森（2010; 2012）を参照のこと。

第25条　バリアフリー環境
　国は，障害者が公の場，民間の建物や敷地，またその他の，国法 (BP) 第344号，別名「アクセシビリティ法」で言及のある場所において，アクセスが可能になるようバリアフリー環境を実現させなければならない。
　中央・地方政府は，政府の建物や諸設備における障害者のための建築上の諸対応や構造物の特性を提供するための資金を配分しなければならない。

　「障害者のマグナカルタ」が成立した当時，ここで述べられているアクセシビリティに関する中央政府と地方政府の責任が同条項の根幹であった。そして，同第6章の第26条と第27条で，そのアクセシビリティが及ぶ範囲について，次のように規定している。

第26条　移動可能性（モビリティ）
　国は，障害者の移動可能性を促進しなければならない。障害者は，運輸局が出した障害に関連した諸規則・諸細則に従い，自動車に適切な対応や改造を施しているかぎり，その自動車を運転することを許可されなければならない。

第27条　公共の輸送諸設備へのアクセス
　社会福祉開発省は，周縁化された障害者が公共の輸送諸設備の利用へのアクセスを得られるよう支援するプログラムを開発しなければならない。そうした支援は，交通費の補助の形をとってもよい。

　以上は，「障害者のマグナカルタ」での記述であるが，それを実際に施行できる形にしたアクセシビリティ法の施行規則，IRR of BP 344 (Implementing rules and regulation, 1983) は，規程（Rule）I 同法の範囲と適用部分のなかの「1. 目的」で，同法の目的を次のように定めている。

以後，本規則・細則は，BP 第 344 号「特定の諸建築物，諸施設等，公共施設に諸ファシリティや諸機器を設置することで障害者の移動可能性を拡大するための法律」の諸目的に従って，公共の用に供する諸建築物，諸ファシリティ，諸公共施設を障害者にもアクセス可能にする最低限の必要条件と基準とを規定するものとする（下線部筆者）。

 また同法がカバーする範囲として，同規程 I の「3. 範囲」で次のように定めている。

3.1　公共及び民間の建物，また公共の用に呈する関連した構造物で，新たに建設される，あるいは新たに改修されるもの
3.2　街路及び幹線道路，公益事業
　3.2.1　街路及び幹線道路
　3.2.2　公共交通機関には次のものが含まれる。
　　a）　旅客バス及びジープニ
　　b）　軽量高架鉄道局（LRTA）が運営する鉄道を含む旅客列車
　　c）　国内で運行される島々を連絡する船舶
　　d）　国内で運行される航空会社の航空機
　3.2.3　公衆電話
　3.2.4　LRTA の駅を含む，公共交通機関の駅

 アクセシビリティ保障の責任について，同アクセシビリティ法の IRR では，規程 V で，違反者に対し，初犯では，5 万ペソ以上，10 万ペソ未満の罰金か，6 カ月から 2 年の懲役刑を科している。それ以降の違反については，罰金が 10 万ペソから 20 万ペソ，ないしは，2 年から 6 年の懲役刑となっている。同法の管轄官庁は，公共事業・高速道路省，運輸・通信省，障害者福祉全国評議会（NCWDP．現全国障害者問題評議会（National Council on Disability Affairs: NCDA））である。

 以上がフィリピンの現行のアクセシビリティ法の概要であるが，ここまでみてきてわかるように同法は物理的アクセシビリティについてのみ述べ

た法律である。そして本節では詳しい紹介は省いたが，施行規則では，家屋の入口で用いられるべきアクセシビリティ基準を示した図5-1にみられるように具体的な数字で基準を示しているが，同図にあるスロープの勾配基準も許容値の形ではなく，1つの値が例として指定されているだけである。議会で可決されたのが1983年という早い時期であったことを考えても，十分な法律とはいえない。

1-2 アクセシビリティ法の改正

一方，2017年からフィリピン政府の障害関係各省庁間調整機関であるNCDAは，このアクセシビリティ法の改正作業にとりかかっている。これは，本書の序章や本章の「はじめに」でも述べた障害者権利条約で，アクセシビリティ概念が大幅に発展したことにともなう。つまり従来の同法の範囲が建築物の物理的アクセシビリティに限定されていたものから，交通アクセシビリティ，情報アクセシビリティに発展させていこうというもの

図5-1　建物の入口のアクセシビリティ基準の例

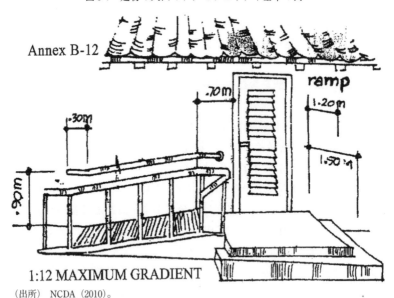

（出所）　NCDA（2010）。

である。政治家等によるイニシアティブではなく，障害当事者をトップに抱く NCDA 自身によるイニシアティブによって各省庁に働きかけが始まっているところが注目すべき点である。また 2017 年 11 月時点での法案の名称案は「通称アクセシビリティ法として知られる国法第 344 号の改正を目的とした大衆に開かれた建築環境，交通，情報・通信技術その他のファシリティ及びサービスの障害者へのアクセシビリティを提供する法律」(An Act Providing Accessibility of Persons with Disabilities to the Built Environment, Transportation, Information and Communication Technology and Other Fasilities and Services Open or Provided to the Public Amending for the Purpose Batas Pambansa Bilang 344 Otherwise Known as the Accessibility Law) となっている。このアクセシビリティの改定案を仮に「新アクセシビリティ法案」とここでは呼んでおくことにする。

　第 1 節 1-1 で紹介した旧アクセシビリティ法の名称と比べると，新アクセシビリティ法案がその対象とする範囲を広げたものになっていることが，この名称から理解できよう。また，現時点では，同法の略称案は，「すべての障害者のためのアクセシブルな環境法」となっている。また新アクセシビリティ法案では，旧アクセシビリティ法にはみられなかったさまざまな用語の定義も加えられ，法律としてより整備されたものになってきている。とりあげられている用語は，アクセシブルな環境，アクセシブルな情報通信技術（ICT）利用，バリアフリー環境，建築環境，ファシリティ／サービスのユーザー，障害者，サービス提供者，手話通訳，交通システム，ユニバーサルデザイン，ウェブ・アクセシビリティである。これらをみても，同法がカバーしようとしている範囲が旧アクセシビリティ法よりもはるかに大きく広がっていることがわかる。また障害者の定義では「長期的な身体，精神，知的，また感覚障害のある人たちであり，そのさまざまなバリアとの相互作用で，その完全かつ効率的な社会への参加がそれ以外の人たちとの同等性という意味で妨げを受けている人たち」という近年の障害概念の拡大を反映しようとした興味深い定義が採用されている。

1-3 新アクセシビリティ法案の構成

前述のように従来のフィリピンのアクセシビリティ法は，物理的アクセシビリティについてのみの法律であった。しかし，障害者権利条約においてアクセシビリティとは，第9条1項で「物理的環境，輸送機関，情報通信（情報通信機器及び情報通信システムを含む。）並びに公衆に開放され，又は提供される他の施設及びサービスを利用する機会を有する」（政府公定訳）とあるように，国際的にもアクセシビリティは，明らかに物理的アクセシビリティに限定されず，情報や通信のアクセシビリティといった内容をもつことがコンセンサスとなっている。こうした動向をふまえてのフィリピン政府内での検討である。

「新アクセシビリティ法案」の2016年10月以降採用されている構成は次のようになっている。

第1条　法の略名（「2016年すべての障害者のためのアクセシブルな環境法」）
第2条　政策宣言（従来の法の目的に代わるもの）
第3条　同法の範囲
第4条　用語の定義
第5条　公共の用に呈する建築物のアクセシビリティ
第6条　公共交通機関のアクセシビリティ
第7条　アクセシブルなコミュニケーション
第8条　アクセス監査チーム
第9条　罰則
第10条　予算
第11条　施行規則・規程
第12条　無効条項や憲法違反の条項はほかの条項に影響しない
第13条　本法律に従って大統領令等も修正される
第14条　施行期間

新アクセシビリティ法案の第7条にとくに明確に示されているように，

こうした構成からも同法案がアクセシビリティを従来のアクセシビリティ法よりも広くとらえようとしていることがわかる。また第8条にあるように，従来のアクセシビリティ法では規定されていなかったアクセス監査が盛り込まれているのも同法案の特徴である。ここでいうアクセス監査は，日本語でいうアクセシビリティのモニタリングのことである。新アクセシビリティ法案では monitoring という言葉は使われず，通常，監査の意味で使われる audit という言葉が使われているため，日本語でも監査という語を用いる[3]。

　アクセス監査は現在の案では，公共事業・高速道路省，運輸省，情報・通信技術省の各省代表，障害当事者その他のファシリティ・アクセシビリティの評価で参加が必要とされる機関で構成され，地方政府（LGUs）と協力してアクセシビリティ法の完全実施をモニターすることになっている。

　この新たに盛り込まれることとなった第7条「アクセシブルなコミュニケーション」は4つの条項からなっている。第1項は，政府全体に対して，政府が公開する情報を ICT によってアクセシブルにすることを求めるものである。用いる手段としては，コンピュータでアクセシブルにすることはもちろん，IT 機器の利用や電気通信，放送等をアクセシブルな形で利用することを求めている。第2項は，アクセシブルなフォーマットでの情報提供をも政府に求めるもので，手話通訳の提供やアクセシブルなウェブサイトの保障を求めている。続く第3項は，電気通信，放送，情報，コンピュータ，その他の情報技術機器のサービス提供会社に，障害アクセシビリティを考慮に入れることや障害者のユーザビリティを基本に機材を製造することを求めている。最後の第4項は，情報・通信技術機器，ハードウェアやその他部品については，さまざまな障害者が利用しやすいようにデザインすることを求めている。これらのうち，第1項や第2項は

---

[3]　アクセシビリティがきちんと担保されているか調べることを指す用語には，フィリピンのアクセシビリティ法が採用している audit という用語のほかに，monitoring, evaluation, assessment, appraisal という英語もある。ある基準を満たしているかどうかを専門家が組織的に，また事後に判断する場合，audit が用いられることが多い。とくに障害関係でのこうした評価では，近年，audit が用いられる傾向がある。

提案者である NCDA を含む政府側の努力の問題であるが，第3項や第4項は民間に負担を求めているため，議会での議論の際に民間からの抵抗に直面する可能性もあり，まだ予断を許さない状況である。

また「新アクセシビリティ法案」第11条の施行規則・規程についても同様に 2016 年 10 月現在での構成はおおかた次のようになっている。

規程Ⅰ　タイトル，目的，構成
規程Ⅱ　政策及び目的の宣言
規程Ⅲ　用語の定義
規程Ⅳ　障害問題事務所（PDAO）の設置と PDAO のフォーカル・パースンの任命
規程Ⅴ　PDAO の長及びフォーカル・パースン

PDAO[4] といった新たに NCDA の地域組織として成立した組織に関する規定が盛り込まれているのは，「障害者のマグナカルタ」の修正[5] に対応したものである。いわば，この「新アクセシビリティ法案」は，2010 年代以降のフィリピンの障害者関連法整備にあわせて，従来の法律を改正し，同時に障害者権利条約にあわせて国内法を整備していくという流れのなかで出てきたものだといえる。NCDA がこうした法改正を行うイニシアティブの基底には，障害者権利条約があるが，同時にフィリピン政府の刷新の気運をうまくとらえて，これに対応しようとしているというもう1つの流れも見逃せない。現ロドリゴ・ドゥテルテ大統領が 2016 年に新たに就任したことで（鈴木（2016）など），政府機関の再編成や新法の提案がしやすくなっているという気運をうまく NCDA が活かしているといえる。

1-4　施行規則をめぐる新たな動きと実施を担保する他省庁との連携
　それでは，以下，これらのアクセシビリティについての諸議論について

4）「障害者のマグナカルタ」と PDAO については，森（2012）を参照のこと。
5）これまでの「障害者のマグナカルタ」の修正については，（注2）を参照のこと。

各省庁との調整問題にもふれながら，2017年11月7日の公共事業道路省（DPWH）における準備会合での記録から新アクセシビリティ法案の具体的な文案を紹介していく。

(1) **物理的アクセシビリティ**

旧アクセシビリティ法が建築物のアクセシビリティにほぼ限定されたものであったのに対し，物理的アクセシビリティについてもより広範なものが提案されている。旧アクセシビリティ法では，この物理的アクセシビリティについて，第1条で次のように規定されていた。

第1条
社会生活への障害者の完全参加の権利の実現及び自ら居住している社会の発展とほかの人たちも利用できている機会の享受の実現の促進のため，公共の用に提供されている政府及び民間の建築物，教育機関，空港，スポーツ，娯楽センター，複合施設，ショッピング・センター，諸建物，公共の駐車場，職場といった公共の用に呈される諸施設は，当該施設の所有者または運営者が，建築物，建物，設備や公共の用に呈される諸施設内に歩道，スロープ，手すり等のような障害者の移動可能性を合理的に拡大するような形で，建築されたファシリティや構造物を設置するためのその建設，修繕，改修のための許認可は必要としない。実行可能な計画であれば，そうした既存の諸建物，諸施設，また公共の用に呈する施設は，障害者がアクセスできるようにするために改修また改変されうる。しかし，もしそうした諸建物，諸設備，ないし公共の用に呈する施設がすでに許認可されている場合には，本法の条件に従いうるものとする。さらに，政府の建物，政府の道路や高速道路の場合には，公共事業・高速道路省が障害者のための建築的設備や構造的特徴が同様に提供されるよう配慮しなければならない。
　以上の諸機関，諸建物や公共の用に呈する施設の所有者や運営者は，駐車場が障害者が利用するのに十分でふさわしい空間となるよう留保しなければならない。

これに対し，新アクセシビリティ法案では次のような文面が考えられている。

　フィリピン建設法で定義されているすべての建築物，屋外・屋内の施設，また公共の用に開放されているスポーツ・娯楽施設は，すべての障害者にアクセシブルかつ安全でなければならないが，それは，アクセシブルなフォーマットでのコミュニケーション形式を用いて当該ファシリティでの自立した移動可能性を促すために，スロープ，駐車スペース，表面に触覚表示が付いた床，アクセシブルな歩道橋，優先レーン，アクセシブルなトイレ，音響による指示器や標識・音響による信号機，その他を提供することによってである。
　ユニバーサルデザインの製品，作品，ファシリティは，すべての政府の建物，また民間が所有する公共の建物，交通システム，その他すべての建築環境にかかわる公的構造物のデザインと建築とに組み込まれなければならない。
　交通機関・情報通信のサービス提供者，中間的提供者，その他の公共の用に公開されているファシリティは，必要なときにはいつでも，人的支援が利用可能，あるいは，ガイド，代読者，有資格の手話通訳が利用

写真5-2　アクセシビリティは，障害者の働く場所を保障していくことにもつながる（筆者撮影）

可能でなければならないし，障害者サービス犬の入場／利用が可能でなければならない。

よりシンプルな文面となっているが，一方でユニバーサルデザインのような用語が利用されることで，シンプルさを補って必要な条件を示す努力や移動性障害者以外の人たち，とくに視覚障害や聴覚障害者に対する建物内でのアクセシビリティも考慮されるなど，幅広い対応を可能にしようとしていることがうかがわれる。またフィリピン建設法への言及があり，障害法がほかの法律から一件だけ独立していて法相互の関係を十分考慮していなかったこれまでの時代とは一線を画した文面になっている。これは各省庁との十分な調整を前提とした法案作りが行われているということを意味する。

(2) 交通アクセシビリティ

旧アクセシビリティ法第2条では公共の交通機関については，その後半で，次のように規定されていた。

第2条
障害者用バス停は障害者のためにデザインされなければならない。一般乗客の運搬／輸送の場においては障害者差別は本法によって，違法と宣言される。

しかし，これだけでは，公共の交通機関を障害者も利用できるようにするのにはあまりに不足した内容であることは明らかだろう。これに対し新アクセシビリティ法案では，

バス，ジープニ，トライシクル，鉄道を含むすべての陸上輸送交通機関，海上・航空交通機関その他の公共の用に公開されているものは，障害者についてすべて，形態による差別なく，安全な搭乗と下車ができうるようアクセシブルな諸機能とメカニズムを備えなければならない。
すべての公共の交通機関のサービス提供者と所有者，実施機関は，駅

内や搭乗・下車中の障害者への支援をする担当者の訓練を行う必要がある。

としている。こちらも搭乗するバス停などの問題のみではなく，搭乗と下車，また搭乗中の全時間におけるサービスと安全の提供を義務づけている。障害当事者たちからのインプットや従来のアクセシビリティ法の問題点をふまえた文面になってきている。

(3) 情報通信アクセシビリティ

情報通信のアクセシビリティは，旧アクセシビリティ法では，まったく考慮されておらず，今回の改正が，こうした内容についてふれられる最初のものとなる。議論されている法案では以下のような文面が候補に挙がっている。

　すべての政府機関及び公共の用に呈するサービスを提供している民間企業は，コンピュータを含む情報と通信技術を，すべての障害者にアクセシブルな電気通信とアクセシブルな放送サービスを促進するためにアクセシブルにすることによって，ICTのアクセシブルな実践を考慮しなければならない。RA（共和国法）第10905号「テレビ字幕放送法」が求めているものに従うことを保障しなければならない。情報・通信技術省（DICT）は，ICTにおける適切な諸機関について，またそれらの発展についての研究調査を行わなければならない。

　すべての国レベル，地方レベルの政府事務所は，公的な情報の提供にあたって，障害者のためのアクセシビリティを考慮に入れなければならず，それは，利用可能な情報教材をアクセシブルなフォーマットにすることによって，あるいは手話通訳によって，そしてウェブサイトをすべてのユーザーにアクセシブルにすることによって実現されなければならない。

　電気通信，放送，情報，コンピュータその他の情報・通信技術機器のためのサービス提供者は，サービスの提供やユーザビリティの基本に基づいて諸機器を製造するために諸努力を傾けなければならない。

情報・通信技術機器，ハードウェア，その他の部品は，障害者の利用が容易になるように適切にデザインされなければならない。

後述するようにテレビ字幕放送関連法もすでに成立しているが，それを含めて，電気通信やコンピュータ等の機器におけるアクセシビリティが求められる内容になっている。従来の「障害者のマグナカルタ」でも，テレビにおける手話通訳を限定された形で求めていたが，ここではより一般的な形での情報提供を求めている。また物理的アクセシビリティの部分同様，ここでもほかの法律への言及があり，関係する省庁であるDICTとの調整が前提となった文面になっていることがわかる。

別に述べた監査や処罰規定が最終的にどの程度のものになるかによって，ここでの要求が遵守されるかどうかが決まってこよう。建築物だけでなく，交通機関と情報通信にまでアクセシビリティ法がカバーする範囲は広がっていこうとしている。

第2節　テレビ字幕放送法

2-1　情報アクセシビリティへ

前節で述べたように現在，フィリピンの障害者関連法は障害アクセシビリティ関連において，「新アクセシビリティ法案」の形をとりながら，行政のイニシアティブにより大きな進展をみせつつある。「新アクセシビリティ法案」における情報アクセシビリティの中身は，政府の提供する情報におけるアクセシビリティ保障を求めるほか，民間にも情報アクセシビリティを保障した機器・機材の提供を求めている。しかし，同法案は具体的な情報アクセシビリティの規定になっているとはいえない。たとえば，「新アクセシビリティ法案」の第11条の施行規則・規程も制度的な整備が中心であり，アクセシビリティをどのように保障するのかについての具体的な規定とはなっていない。

そのようななか，2015年フィリピン大統領選でドゥテルテ現大統領と

大統領職をめぐって争い，最後の候補者数人のなかに残ったグレイス・ポー（Grace Poe）上院議員がテレビ字幕放送法を提案，同法案は可決され，2016年の7月に無事，大統領署名を経て発効した。

同法は，RA第10905号で，正式名称は「すべてのテレビ局及びテレビ番組制作者に対し，クローズド・キャプションのオプション付きで番組の放送・公開をすることを求めること及びその他の目的のための法律」という。

テレビはニュースをはじめさまざまな情報を伝えてくれ，娯楽にもなるが，もし放送されている音声が聞こえなかったら，その有用性や楽しみは半減どころか，ほとんどなくなってしまうだろう。音声情報と画像情報の双方が伴ってこそテレビである。しかし，耳の聞こえない人たちにとっては，普通のテレビ放送は，この音声が欠落，あるいは不十分な形でしか届かないことになる。これに対し米国をはじめとした各国では，テレビの音声情報を字幕で表示できるようにしようという技術的努力がなされ，テレビ視聴者が必要に応じて字幕のオン・オフができるシステムが開発された。それがクローズド・キャプションである。クローズドというのは，普段は字幕が表示されていないことを意味し，オン・オフの操作をしなくても字幕が表示されているものをオープン・キャプションと呼ぶ。

このクローズド・キャプションでは，米国が先進国であることが知られている。この米国でのクローズド・キャプションの技術の発達や法的な制度化について，フィリピンの実情との対比のため，ここで簡単に紹介し，あわせて日本での実情も紹介することにする。

米国では，1970年代に最初のオープン・キャプションの字幕放送が出現し[6]，その後，1980年に最初のクローズド・キャプションのテレビ放送番組が出現している。また1982年には生放送の字幕（音声が放送されるときにそれをその場で字幕入力する）も始まった。技術的基盤がこうして醸成されたあと，1990年代に入ってテレビ字幕デコーダー回路法が1981年に

---

[6] 以下の米国の字幕放送発展史については，米国の老舗の字幕製作会社NCIのHPを参考にした（http://www.ncicap.org/about-us/history-of-closed-captioning　2017年3月6日最終アクセス）。

成立し，米国で販売される13インチを超えるすべてのテレビ受像器に字幕を表示するための回路を埋め込むことが義務化された。これは，字幕の普及を大きく後押ししたが，さらに技術の進歩によるデジタル・テレビの出現を背景に1996年字幕デコーダー回路法で，デジタル・テレビにも同様の字幕表示回路の組み込みが義務づけられた。1990年ADAは，レストラン等の公共の場での差別を禁じたため，公共の場でのテレビ放送は字幕付きとなり，情報アクセシビリティを保障することとなった。さらに，2010年21世紀通信・ビデオ・アクセシビリティ法により，番組制作側は，ネット放送でも字幕の提供を求められるようになった。このように米国では，関連技術の発展とあわせて，字幕放送関連法制を20年近くかけて整備してきた。

一方，日本では，1997年に放送法が改正されて，旧郵政省が「字幕放送普及行政の指針」を策定，10年計画で"新たに放送する字幕付与可能な放送番組のすべてに，字幕が付与される"ことを目標として掲げた。その後，2007年に視覚障害者のための副音声による解説放送も加えた「視聴覚障害者向け放送普及行政の指針」が策定されて，指針となる放送番組すべてでの字幕付与がめざされているが，いずれにせよ，行政からのガイドライン提示の形で字幕の普及が進んでいるのが日本のパターンである。

これらと比べてフィリピンでのクローズド・キャプションがどのようなものなのかについて次節以降で説明していこう。

2-2 テレビ字幕放送法（RA 10905）

フィリピンのテレビ字幕放送法は，すべてのテレビ局やテレビ番組制作者にクローズド・キャプションでの放送を求めている。しかし，同時にじつは第3条に次のような条項がある。

第3条　プログラム免除
以下のものはクローズド・キャプションから免除される。
(a)　10分よりも短い公共サービス発表
(b)　午前1時から6時までのあいだの早朝にみられる番組

(c) 従来から文字によって提供されている番組
(d) 同法順守が経済的に負担となる場合

　前述第3条 (d) は，同法に従わなかった場合，ペナルティとして，裁判所の判決により，5万ペソ以上10万ペソ未満の罰金，あるいは6カ月以上1年未満の禁錮刑のどちらか，または双方を規定しているが，こうした罰則があっても，先の免除条項が果たす役割は，とくに (d) の負担がどの程度のものとなるかで大きくなってしまう。この経済的な負担については，第2条 (b) で下記のように定義されている。

第2条 (b)
経済的な負担とは，以下の要因によって決定される重大な困難や支出を指す。
(1) 番組のためのクローズド・キャプションの性質や費用
(2) 提供者や制作者の業務への影響
(3) 提供者や制作者の経済的なリソース
(4) 提供者や制作者の業務のタイプ

　こうした免除条項は，フィリピンでなくても業界団体の反対を押し切って議会での可決を模索する場合には，避けられない問題である。しかし，このテレビ字幕放送法が，フィリピンがアジアのなかでも早期に法律の形で字幕付与を原則として義務づけた，ということの意義は評価されてよいだろう。
　現在，実施規則・細則についての協議が，映画・テレビ・審査・分類委員会（The Movie and Television Review and Classification Board: MTRCB）と，全国電気通信委員会その他の関係機関とで進められている最中である。一方，すでに放送会社とは規則・細則についての意見交換を終えている。

2-3 法過程での諸議論
　同法の立法は，本節2-1で述べたようにグレイス・ポー上院議員の提案

第 5 章　フィリピンにおける障害者のアクセシビリティ法制

による。このため，グレイス・ポー上院議員に立法過程でどういった問題があったのか，またどのような工夫があったのかということについて書面によるインタビューを行った[7]。その結果得られた情報をもとに最後に同法の立法過程にかかわる事情や議論を整理しておく。

　まずポー上院議員が同法についてどのように着想したかである。同法は障害者権利条約の完全なアクセシビリティ，また障害者の言語・文化的なアイデンティティの認識に関連してフィリピン政府がすべきこととして発案されている。またポー上院議員は，この法案の提出当時，上院の第16回会期（2013～16年）で公的情報・マスメディア委員会の委員長をしており，社会的法制整備をアジェンダとする同委員会の責務としてもこうした法律の整備を急いだということが背景にある[8]。

　同法の議論にあたっては意外にも大きな障壁となる問題は生じなかったが，字幕よりも手話通訳の整備をという，ろう者の側の利害と，字幕の方がよいという難聴者の側の利害とが衝突するという事態は，日本同様，フィリピンでも生じたようである。またテレビの放送権所有者や番組制作者は，字幕付与がもたらす経済的負担の問題について公聴会[9]で懸念を表明しており，これがすでに述べたような同法第3条の免除条項につながったものと思われる。ただ，そうした懸念から同法の成立そのものを断念させず，障害者のために同法を成立させたことは，同上院議員の果たしたリーダーシップゆえであると思われる。

---

[7]　2016年9月にフィリピン，マニラ首都圏で実施した筆者による書面インタビューによる。

[8]　同法については，ポー上院議員以前にも国会での成立をめざした議員はいたが，うまくいかなかった。この点で同議員のイニシアティブが彼女の政治力を背景にしたものであることがわかる。また，ろう・難聴当事者へのポー上院議員による意見聴取は，2014年から開始されている。

[9]　上院の公聴会で意見を述べたのは，ABS-CBN チャンネル2，GMA チャンネル7，TV5，Solar TV（現 CNN フィリピン），フィリピン大学マスコミュニケーション学部，デ・ラ・サール大学，ファー・イースタン大学，映画・テレビ・審査・分類委員会（MTRCB）で，このほか，障害側の当事者団体としてフィリピンろうリソース・センターとフィリピンろう連盟（ろうコミュニティとこの2つの団体との関連については，森（2010）を参照のこと）である。

2-4 法律の実施がままならない諸原因

同法が成立してから1年以上がたった。しかしながら，日本や米国のテレビ番組で実現しているような字幕は，フィリピンでは依然として実現されていない。いったいどのような問題があるのだろうか。

その原因は，当事者団体や関係者への聞き取り[10]から以下のように整理できる。

①資金や人的資源などのサービスをささえるリソースの問題（現時点ではまだ政府部内の問題としてはここまで議論が進んでいない）

②とくに人的リソースを養成するための学校等の養成機関

③全国レベルのみでなく地方レベルでの実施を担保する仕組み

という3つである。①は字幕の入力のための人的リソースをどうするのか，今現在，利用可能なリソースとして何があるのかということについての議論があまり聞こえてこないことである。手話通訳ひとつとってもマニラ首都圏でも10人を少し超える程度の手話通訳者しかいない問題や手話通訳者全般のクオリティが担保されていない問題がある。政府との交渉においてすら費用負担をめぐるコンセンサスがなく，政府の理解が進んできていることを背景になんとかケース・バイ・ケースで手話通訳の手配と配置ができているという実情がある。テレビでは現在，手話通訳が日常的についているニュース番組は1つのみであり，それも手話通訳者の無償ボランティアに依存している状況である。テレビの手話通訳ですら，こうした状況にあるなか，テレビ字幕を作成するキャプショナー（字幕入力者）の数が圧倒的に少ないため，公的な費用支援を得て，これらを養成する緊急性があるが，そうした養成機関についての議論，養成プログラムをどのように用意するかについての議論がまだ出てきていない。人的リソースの問題については，政府諸機関に障害当事者リーダーをさらに参加させることで法の実施の効率性を担保していきたいというNCDAの方向にしても，そうした障害リーダーが配置に足るだけ十分にいるのかという問題がある。

---

10) 2017年11月にフィリピン，マニラ首都圏で実施した筆者によるインタビュー。

③は，地方政府と中央政府の連携というフィリピンで長年課題となっている地方分権の問題とも関連してくる。障害問題では，PDAOという地方障害担当機関があるが，国法で定められてから数年を経過しているにもかかわらず，全国でわずか20％の設置率という現状がある。地方首長や地域選出議員の力が強く，彼らの慈善による障害者支援が主となっている地方の現状を，障害者の人権の問題あるいは社会が当然負担すべきコストとして障害の問題に取り組むという形に変化させるにはどうしたらいいのか。変化にはこうした現状が十分に大きな壁となり得る。加えて，フィリピンにおける地方の問題には，言語の問題がある。マニラ首都圏周辺では，タガログ語が用いられているものの，南部，とくにセブ島やミンダナオ島などを中心としたヴィサヤ地方と呼ばれる地域では，タガログ語とは異なる言語が話されていることもあり，ニュースもこの地方語で放送されている。全国放送の多くは英語での放送となっており，こうした複数の言語があるなかで，字幕のためにどの言語を採用するのかということについてのコンセンサスはいまだ得られていない。

おわりに

　以上，フィリピンの障害アクセシビリティにかかわる法制について，アクセシビリティ法とテレビ字幕放送法をとりあげて，紹介し，また論じてきた。フィリピンではこうした法制の改正には，非常に時間がかかるのが従来の常であり，2016年時点では国会に法案は提出されていないとの情報を得ていた。しかし，2017年に入ってから想像以上に状況は進展しており，下院と上院への法案提出も近いという状況であるという。本章で述べた2016年に調査を行った同国のテレビ字幕放送法も考えてみれば，かなり短い期間に国会に上程，可決されていることから，現在，同国では，障害法に関連して何らかの従来とは異なるモチベーションが働いていると思われる。

　ただ，だからといって楽観はできず，冒頭にも述べたADBの国際会議

でアクセシビリティに障害アクセシビリティがまったく含められていない状況など，障害者権利条約以外の国際環境は決してまだこうした法改正にポジティブに作用しているとはいえない。いわば，障害分野だけがenclave 的に盛り上がってしまう可能性もある。ここで１つの鍵となるのが，本章でも紹介した他省庁との調整である。じつは，最も時間がかかるとされている一方で，現在，事態の進展が起きているのは，この関係する省庁との調整の場である。この調整を通じて，障害問題について各省庁の関係者の理解が深まってきているということがあり，そうした調整の場をNCDA のような政府の障害問題調整機関が積極的に推し進めていることが，現在の進展の背景にある。

　またもう１つ，興味深い変化がフィリピンではみられている。グレイス・ポー上院議員が推進役となったテレビ字幕放送法が短期間で成立し，同氏への賞賛が集まったことをきっかけに，下院・上院議員がこぞって障害関係法案の提案者となって名望を得ようとしているという証言がある。つまり，障害法に議員たちの関心が集まってきているという変化である。マイノリティの問題として従来，周縁化されていた障害の問題をマイノリティの問題ではなく，社会全体の問題であるととらえる新しい気運が生じている可能性があるといえよう。

　こうした変化を今後どのように，進展させていくのか，開発のなかに障害当事者たちをインクルージョンしていくために，障害アクセシビリティ関連の法制がどのようにかかわっていけるのか，私たちは考えていかなければならない。またそれが一国だけのものでなく，域内で情報が共有され，域内全体の取り組みに，ひいては，開発途上国の開発問題にかかわる議論で，フィリピンをはじめとした各国の法制整備の事例がとりあげられるようにならなければならない。しかし，本章の冒頭で書いたような国際開発関係の議論の場での現実を考えると，開発におけるアクセシビリティの問題に，当然のことのように，障害アクセシビリティの議論が取り込まれるようになるには，今後，どれほどの歳月がかかるだろうか。願わくは，それが遠い未来のことではなく，近未来に起きることを期待したい。

〔参考文献〕

〈日本語文献〉
鷺谷大輔 2010.「フィリピンのバリアフリー環境事情——地方における障がい者のためのバリアフリー環境形成プロジェクト」『福祉のまちづくり研究』12（1・2）: 24-26.
鈴木有理佳 2016.「大統領選挙とドゥテルテ政権の発足」『アジ研ワールド・トレンド』（251）: 40-43.
曽田夏紀 2015.『フィリピン農村部の障害者の生計機会を制限する構造とプロセス——ニュールセナ町における非障害貧困層との比較分析から』修士論文　日本福祉大学（http://www.arsvi.com/2010/150301sn.htm　2017年3月3日最終アクセス）.
森壮也 2010.「障害者差別と当事者運動——フィリピンを事例に」小林昌之編『アジア諸国の障害者法——法的権利の確立と課題』日本貿易振興機構アジア経済研究所: 183-206.
——— 2012.「フィリピンにおける障害者雇用法制」小林昌之編『アジアの障害者雇用法制——差別禁止と雇用促進』日本貿易振興機構アジア経済研究所: 157-186.

〈英語文献〉
Iwarsson, S. and A. Ståhl 2003. "Accessibility, Usability and Universal Design: Positioning and Definition of Concepts Describing Person-environment Relationships," *Disability and Rehabilitation* 25(2): 57-66.
NCDA (National Council on Disability Affairs) 2010. "Batas Pambansa Bilang 344 (Accessibility Law) and its Original Amended Implementing Rules and Regulations: An Act to Enhance the Mobility of Disabled Persons by Requiring Certain Buildings, Institutions, Establishments and Public Utilities to Install Facilities and Other Devices," Quezon City: NCDA.
Reyes, Celia M., Aubrey Duldulao Tabuga, and Christian D. Mina 2015. "Legal and Institutional Circumstances of Persons with Disabilities in the Philippines," In *Poverty Reduction of the Disabled: Livelihood of Persons with Disabilities in the Philippines*, edited by Soya Mori, Celia M. Reyes, and Tatsufumi Yamagata, London and New York: Routledge, 15-21.

第6章
インドにおける障害者のアクセシビリティ問題と法

浅野　宜之

はじめに

　本章では，インドにおける障害者のアクセシビリティ問題について，法および政策の観点から検討する。インドにおける障害者のアクセシビリティに関する議論でも，その内容は多岐にわたってなされており，たとえば医療や教育などの社会サービスへのアクセシビリティという文脈でこの文言が用いられる場合もあるが[1]，本章では物理的な意味でのアクセシビリティに限定し，検討を行う。アクセシビリティについて，たとえば建物や道路などのインフラストラクチャーにかかわるアクセシビリティ，鉄道やバスなどの公共交通機関にかかわるアクセシビリティなどの物理的なアクセシビリティ，あるいは情報の伝達手段やウェブサイトの表示など，情報面でのアクセシビリティなど，さまざまな側面で検討すべき課題があるが，本章ではとくにインフラストラクチャーや交通機関にかかわるアクセシビリティに焦点を当てて検討する。これは，アクセシビリティについて法のかかわりから検討するとき，インフラストラクチャーや交通機関にかかわっての規定や紛争がより顕在化しており，検討すべき論点が多く存在

---

1) たとえば，Gudlavalleti et al.（2014）の内容や，第1節で紹介した Sinha（2005）に述べられている「構造的バリア」の問題などがこれに該当する。

すると考えられるためである。

　法によるアクセシビリティの保障について検討するにあたり，いかなる側面からこの問題をとりあげるかを考える必要がある。本章では，法制度，政策実践および裁判例の3つの側面から，検討する。したがって，本章は大別して以下のとおりとなる。

　まず，インドにおける障害者のアクセシビリティ問題に関する先行研究を概観したうえで，立法による障害者のアクセシビリティの保障について，2016年に制定された障害者の権利法（The Rights of Persons with Disabilities Act, 2016. 以下，2016年障害者法）における，アクセシビリティに関係する規定について検討する。検討にあたっては，同法制定の過程における議論の推移や，草案の段階で提出された条項の変遷なども検討の対象とする。また，ユニバーサルデザインに目を配った，建築ガイドラインなどもあわせて検討する。つづいて，障害者のアクセシビリティ向上のための政策として，現政権主導で進められているアクセシブル・インディア・キャンペーンについて，その枠組みを概観したうえで，現状について紹介する。最後に，アクセシビリティにかかわる最新の判例としていわゆるラジブ・ラトリ判決をとりあげ，判決内で示された指令について検討する。最後に，上記の立法，政策，そして判例の側面から，いかにインドの法制度が障害者のアクセシビリティを向上させ，また，法制度のいかなる点がこの問題にとって課題となっているのかを改めて検討したい。

第1節　インドにおける障害者のアクセシビリティ問題

　これまでさまざまな研究のなかで，インドにおける障害者のアクセシビリティにかかわる問題がとりあげられてきた。2011年のセンサスによれば，インドに障害者は約2681万人いるとされており，このうち約1500万人が男性，1180万人が女性とされている[2]。これは，全人口のうち約2.1％を占めることとなるが，調査によって数値は異なるとはいえ，一定程度の大きな数の人々が何らかの障害に直面して生活していることが読み取れ

る。

　このような状況について，Sinha（2005, 3-7）は障害の概念などにふれたうえで，障害者のアクセスの権利については「法廷における正義へのアクセスのみならず，公共の建築物，住居，医療およびヘルスケア，教育機関およびスポーツ施設へのアクセスを含むさまざまな施設へのアクセスを意味する」（筆者訳。以下，引用文献日本語訳同）とし，アクセスを阻害するバリアには，建築物や交通機関などにおける「環境的バリア」，医療や雇用などからの排除となる「構造的バリア」，障害者に対する偏見や憐憫などの「態度的バリア」があると指摘する。そのうえで，教育，雇用および医療へのアクセスについて検討し，「社会的改革」の必要性を論じている。

　1995年障害者（機会平等，権利保障及び完全参加）法（以下，1995年障害者法）の検討をもとに著されたKothari（2012）はその1章を「アクセスおよび公共サービスの権利」とし，そのなかで前述の「環境的バリア」除去の義務について，公共交通機関や道路へのアクセス，公共の建築物へのアクセス，投票にかかわる平等なアクセス，情報および技術へのアクセス，ウェブサイトへのアクセスなどの観点から論じている（Kothari 2012, 127-158）。

　Kannabiran and Hans（2017）は障害者の教育，労働，住居あるいはジェンダーなどの分野について，「障害者の権利」という観点からの論考を集めたものであるが，教育や医療へのアクセスについて論じられているとともに，大学における障害者向けの設備の問題のように具体的なアクセス問題についても一部ふれられている（Kannabiran and Hans 2017, 94）。ただし，「環境的バリア」のなかでもほかの論考にはみられる公共交通機関へのアクセスや，道路の問題などは詳細にはとりあげられていない。

　また，Ghosh（2016）はインドにおける障害問題について労働，教育，ジェンダーなどさまざまな観点から問い直すことを主眼においた論考集である。その序論で編者のGhoshは，障害者権利条約批准を受けての新障

2）　障害種別の詳細については，GOI（2016a, 3）参照。また，浅野（2017）も同センサスなどを用いて記述している。

害者法制定の動きのなかで，視覚障害者や運動障害者の声が大きくなり，精神障害者などその他の障害種別が周辺に追いやられた部分がみられたこと，その結果アクセシビリティという点でいえば建築物や公共交通機関へのアクセスという側面に焦点が当てられて条項が作成され，差別や抑圧といった社会的障害が見落とされることになったとしている（Ghosh 2016, 13-14）。

　以上のように，障害者のアクセシビリティについて記された論考のなかでも，「何についての」「いかなる」アクセスか，という点については多様なとらえ方がなされている。本章で焦点を当てる物理的アクセシビリティは，上述のSinhaの分類によれば「環境的バリア」にかかわるものであるが，その改善は現代社会においてはいわゆる「構造的バリア」の除去となるものといえる。したがって，法的に「環境的バリア」の除去をいかなる形で進めようとしているのか，という点について検討することは，インドで生活する障害者の生活の質向上に対する法の役割を考察することにつながるといえよう。次節では，障害者のアクセシビリティについて，立法によりいかなる形での保障がなされているのかを概観する。

第2節　立法による障害者のアクセシビリティの保障

2-1　2016年障害者法におけるアクセシビリティ関連規定の概要

　インドにおいて初めて制定された障害者の権利保護にかかわる包括的な法律が，1995年障害者法である。その内容についてはこれまで浅野（2010）などで紹介されているが，障害者の各種の権利保護に向けた規定のほか，障害者チーフコミッショナー事務所の設置などについて定めたものであった（浅野 2010, 152-165）。しかし，2007年に障害者権利条約を批准したため，関連する国内法を整備する必要が生じた。そこで社会正義およびエンパワーメント省は，2010年にスダ・カウル（Sudha Kaul）[3] を委員長とする「障害者の権利法案起草委員会」を設置し，同委員会は法案の基本方針などを検討した後，新障害者法草案を2011年6月に提出した[4]。その後

公聴会の開催などを経て，2014年2月に障害者権利法案が上院に提出され，同年9月16日に常任委員会に付託された後，さらに検討がなされた。同常任委員会は2015年5月に報告書を提出したが，そのなかで草案について詳細に検討し，さらに修正提言を行っている[5]。これをもとに法案が2016年12月1日に上院に提出され，同月14日に上院で可決，その後同月16日には下院でも可決され，2016年障害者法が成立した[6]。

2016年障害者法は，全17章102カ条からなる法律で，その構成からみても1995年障害者法の手直しのみならず，新たな内容も加えたものとなっている[7]。予備規定（1章）および雑則（17章）を除く各章のタイトルに基づき内容を分類すると，以下のとおりの2つに大別される（各章のタイトルの後ろの数字は章番号）。

a. 障害者の権利に関連する事項

　権利およびエンタイトルメント（2），教育（3），技能開発および雇用（4），社会保障，保険，リハビリテーションおよびレクリエーション（5），基準値以上の障害者に対する特別規定（6），高度な支援を必要とする障害者のための特別規定（7）

b. 政府機関の責務または職務に関する事項

　関連する政府の義務および責務（8），障害者のための組織の登録およびその認証（9），特定障害の認定（10），連邦および州障害諮問評議会およ

---

3) インド脳性まひ研究所（Indian Institute of Cerebral Palsy）所長。教育者，ソーシャルワーカーとして，2010年にパドマ・シュリ賞を受賞している。
4) 経緯については，浅野（2017, 91-92）を参照のこと。
5) Lok Sabha Secretariat, Standing Committee on Social Justice and Empowerment (2014-2015) *The Rights of Persons with Disabilities Bill, 2014 Fifteenth Report*（http://www.prsindia.org/uploads/media/Person%20with%20Disabilities/SC%20report-%20Persons%20disabilities.pdf　2017年11月29日最終アクセス）。
6) これについて紹介した報道記事としては，"Disabilities Bill Passed; New Conditions, Revised Quota and Few Concerns,"　Indian Express (Web version) Dec. 15, 2016 などがある（http://indianexpress.com/article/india/disability-bill-passed-parliament-revised-quota-conditions-reforms-4427364　2017年11月28日最終アクセス）。
7) 本章はGOI（2016b）に基づき記述している。なお，同法の翻訳については，浅野（2018）を参照のこと。

び県レベル委員会（11），障害者チーフコミッショナーおよび州障害者コミッショナー（12），特別法廷（13），国家障害者基金（14），州障害者基金（15），犯罪および処罰（16）

これらのうち，本章でとりあげる「アクセシビリティ」，すなわち「環境的バリアの除去」に関連する規定は，第2条の用語の定義規定を除けば，以下のものが挙げられる。

第10条（リプロダクティブ・ライツ）：生殖及び家族計画に関する情報へのアクセスの保障

第11条（投票へのアクセス）：投票所や投票にかかわる資材へのアクセス

第12条（司法へのアクセス）：裁判所をはじめとする機関へのアクセスの保障

第13条1項（法的人格）：金融面での法的人格の保障

第16条（教育機関の義務）(ii)号：建物などの施設をアクセス可能なものにする義務

第24条3項（社会保障）(e)号：安全な飲料水や衛生施設へのアクセス

第25条1項（ヘルスケア）(b)号：病院，保健施設などにおけるバリアフリーなアクセス

第29条(g)号：レクリエーション活動への参加のための技術，支援器具などの開発

同上(h)号：聴覚障害者のテレビ番組へのアクセスの保障

第40条（アクセシビリティ）：障害者のためのアクセシビリティにかかわる規則設定

第41条（交通機関のアクセス）：交通機関にかかわるアクセシビリティの保障のための措置

第42条（情報及びコミュニケーション技術へのアクセス）：各種媒体へのアクセシビリティ保障

第44条（アクセシビリティ規範の遵守）：建築にかかわる許認可

第45条（既存のインフラストラクチャー及び施設をアクセス可能にす

るための期限）
第46条（サービス提供者のアクセシビリティにかかわる期限）
第65条2項（連邦障害諮問評議会の機能）(e)号：情報，サービス，建築物等に関するアクセシビリティ等にかかわる提言
第70条2項（州障害諮問評議会の機能）(e)号：州レベルにおける情報，サービス，建築物等に関するアクセシビリティ等にかかわる提言
第100条2項（連邦政府の規則制定権限）(g)号：第40条に基づくアクセシビリティ基準の規則制定

　これらの条文のうち，本章でとりあげるアクセシビリティという観点からいえば，最も重要なものが第40条であり，また，その具体的な表れとして注目すべき規定が第41条および第42条となろう。さらに，第40条と関連する規定で検討されるべき規定として，第44条が挙げられる。そこで，つづいてこれらの条文を中心に，規定されている内容とともにその最終的な規定までの変化について，概観する。
　まず，第40条の規定は次のようなものである。

第40条
　連邦政府は，チーフコミッショナーと協議のうえ，物理的環境，交通，情報並びに適正な技術及びシステムを含むコミュニケーション並びにその他の公衆に対して提供される設備及びサービスに関する障害者のためのアクセシビリティの基準を設定する規則を制定しなければならない。

　つまり，連邦政府は，物理的環境や交通，情報およびコミュニケーションサービスなどにおけるアクセシビリティの基準を設定することが求められている。物理的環境についていえば，第44条では以下のとおり，第40条に基づく建築許可等に関して規定している。

第44条
　①　第40条に基づき連邦政府が定める規則に反する建築計画につい

ては，いかなる機関も建築許可を得ることができない。
② 連邦政府の定める規則に反した建築物については，いかなる機関も建築完了の認可が発行されず，当該建築物の占有も認められない。

　また，交通機関については第41条で詳細に規定している。そのうち，公共交通機関に関して規定する第1項の内容は次のとおりとなる。なお，第2項は自動車，個人的移動補助手段など，小規模な移動手段の促進に関する政府の責務について定めた規定である。

第41条
① 関連する政府は，以下に掲げる事項を提供するために適切な措置を講じなければならない。
　(a) バス停留所，鉄道の駅及び空港の駐車場，トイレ，切符売り場及び切符販売機に関連してアクセシビリティ基準に適合する障害者のための設備
　(b) 技術的に可能であり，障害者にとって安全であり，経済的に実行可能でデザイン面で大幅な構造変化を必要としない古い型式の交通機関の改修を含む，デザイン基準に適合した，すべての種類の交通機関へのアクセス
　(c) 障害者にとって必要な移動手段のためのアクセス可能な道路

　第42条は，情報およびコミュニケーション技術へのアクセスにかかわる規定である。そのなかでは以下のように多岐にわたる事項が掲げられている。

第42条
関連する政府は，以下の事項を確保する手段を講じなければならない。
　(i) 音声，印刷及び電子媒体のすべての内容のアクセス可能な形式での利用

(ⅱ) 音声解説，手話通訳及び字幕の提供による障害者の電子メディアへのアクセス
(ⅲ) 日常の用に供する電化製品および電気器具のユニバーサルデザインによる利用可能性

　第42条（ⅲ）号で示されたユニバーサルデザインについては，第43条においても消費財にかかわるユニバーサルデザインに関係して条項が設けられている。このほか，第45条では政府などによる公共の建築物は5年以内にアクセス可能なものにするなどの移行措置規定が，第46条では，政府および民間のサービス提供者がアクセシビリティ規則告示から2年以内にアクセス可能なサービスの提供を行うことが定められている。このように諸々の事項に関連してアクセシビリティにかかわる規定が設けられているが，その制定の過程での議論状況はいかなるものであったのか，これらの条文に着目しながら検討する。

2-2 アクセシビリティ関連規定の立法過程
　前述のスダ・カウル委員会が作成した2011年法案は全部で170カ条（および附則）からなるものであるが，そのうち15カ条がアクセシビリティにとくにかかわる規定である。その後，2014年には2011年法案を基礎にした法案（以下，2014年法案）が議会に提出されたものの下院の任期満了とともに，審議は打ち切られた。その後，2014年法案に対する障害当事者団体などからの意見もふまえ，議会の常任委員会は2015年に報告書を作成し，改めて2016年に議会に法案を提出した。最終的に，この法案が議会を通過し，2016年障害者法として制定されている。本項では，2016年障害者法の第40条，第41条，第42条，第45条および第46条に該当する，2011年法案，2014年法案における条項案をとりあげ，その変容を概観する。
　① 第40条（アクセシビリティ基準の設定）
　2011年法案の「権限，義務及び責務」と題された第2編に，本章で検討するアクセシビリティにかかわる各種規定が設けられている。このう

ち，2016年障害者法の第40条に該当するのが，第76条および第77条1項から3項である。第76条では，「アクセシビリティに関する一般規定」として，物理的環境，交通，情報，コミュニケーションまたはその他の施設やサービスで公開されているものに関して平等の権利を有すること（1項），また，関連する政府機関などが第1項で定めるアクセスの権利について，保障しなければならないこと（2項）について定めている。そのうえで，第77条はアクセシビリティの基準に関して，国家的な障害者の権利保護機関は，物理的環境，交通，情報などに関するアクセシビリティの基準を設定すること（1項），基準は年齢やジェンダーの面で適切でなければならないこと（2項），基準は5年ごとに見直しをすること（3項）が定められている。

これに対して，2014年法案では第39条で，2011年法案の第76条とつながるアクセシビリティに関する一般規定を定めている。その条文では，国家障害者委員会（The National Commission for Persons with Disabilities）は都市部または農村部における，物理的環境，交通機関ならびに適切な技術および制度を含む情報ならびに通信ならびにその他の設備およびサービスにかかわるアクセシビリティに係る基準を設けなければならないとしている。

2011年法案の第76条，第77条の規定と，2014年法案の第39条とを比較すると，2011年法案がより詳細に年齢やジェンダーへの配慮，基準の見直し措置などについて規定しているのに対し，2014年法案は2011年法案の第77条1項を1つの条文にしたものといえる。また，2014年法案では国家障害者委員会と称する組織を設置することが規定されている点が異なっている。最終的に，国家障害者委員会という組織についての部分を除き，ほぼ2014年法案の文言が2016年障害者法において規定される形となっている。

② 第41条

2011年法案で該当する規定は第77条4項および第78条である。前者は，「関連する政府機関等は，駅や空港などが当該基準に適合するようにしたり，交通機関が適合的になるようにしたりし，障害者が運転免許を取

得することができるよう規則を定めたりする」と規定している。さらに第78条は「個人の移動手段」と題された条文で，「個人の移動手段について，適切な価格で入手しうるように計画又はプログラムを実施すること」と規定している。

　2014年法案では，関連する政府機関が適切な手段を講じなければならない事項として，バス停，駅，空港における駐車場，トイレ，切符売り場，切符販売機などでの障害者のための設備をアクセシビリティ基準に適合的にすること（1項a号），技術的・経済的に可能である限り，すべての交通機関を（旧型車両等の改善も含め）障害者の安全のためのデザイン基準に適合的にすること（1項b号）や道路のアクセシビリティ（1項c号）などを挙げているほか，第2項では個人が利用する移動手段の促進などについて規定している。

　以上の2つの法案を比較してみるかぎり2014年法案の規定は2011年法案のものに比べて，より具体的なものとなっていることがわかる。そして，2016年障害者法第40条の場合と同様，2014年法案の規定が2016年障害者法に導入されている。

③　第42条（情報へのアクセス）

　第42条（i）号は，2011年法案第80条1項a号の音声，印刷または電子的なものなど，どのような手段で障害者がアクセスできるようにするかについて規定している部分が対応する。また，同条（ii）号については，まず第79条2項で公衆衛生，災害準備，雇用などに関する住民からの反応を募るような広報について，障害者がアクセスできるようにすることと規定しているもの，および第80条3項においてすべてのウェブサイトを国家障害者の権利保護機関が定める基準に従い，基準設定から1年以内にアクセス可能なものにすること，と定めたものが部分的に対応する。第42条（iii）号に対応する2011年法案における規定としては，第80条1項d号で電気製品などについてユニバーサルデザインの原則を順守させること，とされているものがほぼ該当する。

　2014年法案では，その第41条で音声，印刷などのメディアをアクセス可能なものとすること（i号），音声，手話，字幕などを通信メディアにお

いて提供しアクセス可能なものとすること（ⅱ号），電化製品をユニバーサルデザインに基づくものとすること（ⅲ号）が定められており，2016年障害者法第42条の規定とほぼ同じものとなっている。

このように，2016年障害者法第41条の場合と同様，2011年法案と2014年法案とでは微細なちがいがあり，2011年法案の規定を1つにまとめたものが2014年法案の規定になっている。また，やはり2016年障害者法第41条の場合と同じく，2014年法案の規定がほぼそのまま2016年障害者法に生かされていることが明らかである。

④　第45条および第46条（移行期間）

2016年障害者法の第45条および第46条で規定しているのは，アクセシビリティの規則にあわせるための移行期間である。2011年法案の第84条では現存する政府機関が公共の用に供している建築物などを規制に沿わせるために3年の期限を設け（1項），その他の公共の建築物に関しては5年の期限（2項）を設けている。さらに，第85条ではサービス提供者の義務について，第84条と同様に1年の期限を設けている。これに対し，2014年法案では第44条1項が2011年法案の第84条に対応するものであるが，2011年法案の規定とは異なって政府機関が公共の用に供している建築物に関する規定は設けられず，対象を「公共の建築物」に統一し，規制に適合させる移行期間を5年としている。また同条2項では関連する政府機関および地方機関は，保健所，病院，学校，駅などの公的建築物におけるアクセシビリティについて優先順位をつける行動計画を作成し，発行しなければならないとしているが，これは2011年法案第47条に該当するものである。さらに2014年法案第45条は，サービス提供者は第39条に定めるアクセシビリティの基準に適合的なサービスを2年以内に提供しうるようにしなければならないことなどを規定しており，これは2011年法案第85条に対応する。

2011年法案の規定と2014年法案の規定を比較すると，2点のちがいがみられる。第1に，建築物のアクセシビリティに関連して，2011年法案では「政府機関が公共の用に供している建築物」と「その他の公共の建築物」に分けていたのが，2014年法案ではその区別がなくなったことで，

政府機関が公共の用に供している建築物であっても比較的長い移行期間が適用されるように調整されたことが挙げられる。第2に，建築物に関するアクセシビリティ規則への適用移行期間にしても，サービス提供者にかかわる移行期間にしても，2011年法案よりも2014年法案のそれが長くなっていることが挙げられる。

　見方によっては，より確実な建築物あるいはサービスにおけるアクセシビリティの確保をめざしたものといえるが，逆に移行期間が延びたことによって，なし崩し的にアクセシビリティ基準への適合がなされなくなるのではないかという懸念ももたれる。

　障害者とアクセシビリティにかかわる法律上の規定とその制定過程における変遷について概観した。これによれば，詳細にかつ障害者の権利を重視する形で定められた2011年法案の規定に対し，2014年法案ではこれを簡略化した側面が強いということがいえよう。そして，2014年法案の規定は，ほとんど2016年障害者法に引き継がれていることも明らかとなった。

　2016年障害者法では，建築物や公共交通機関において障害者のアクセシビリティを高めることが求められ，そのための基準の設定が要請されている。そこで，次項では建築物におけるアクセシビリティにかかわる基準について概観する。

2-3　バリアフリーおよびアクセシビリティハンドブックにみる基準

　インド政府の中央公共事業局（Central Public Works Department）が発行している『バリアフリーおよびアクセシビリティハンドブック』（Handbook on Barrier Free and Accessibility. 以下，ハンドブック）は，建築物などにおけるバリアフリー環境のための基準についてまとめた冊子である（GOI 2014）。

　同ハンドブックは全22章から構成されており，第1章から第17章までは建築物の個別の部分について記載があり，第18章および第19章はケーススタディが，第20章はバリアフリー基準の国際的慣行についてが記載されている。さらに，第21章では2005年全国建築物規則の抜粋が，そし

て第 22 章では都市開発および貧困対策省(デリー支局)による関連する通達の抜粋が掲載されている。これらのなかで主要な部分となるのが、第 1 章から第 17 章の建築物の個別のパーツにかかわる部分である。そのパーツとは、アクセスのための通路(第 1 章。以下、カッコ内の数字は章番号を指す)、スロープ(2)、縁石の切り下げ(3)、階段(4)、手すり(5)、廊下、ロビーなど(6)、扉(7)、トイレ(8)、浴室およびシャワー設備(9)、看板(10)、案内または受付(11)、照明(12)、エレベーター(13)、エスカレーターおよび移動通路(14)、その他の建築物にかかわるサービス(15)、計測(16)および駐車場(17)の各章に掲載された項目である。これらに記載されている内容には、後述するような建築物のアクセシビリティ監査において判断の基準となっている項目もあることから、障害者のアクセシビリティについて考察するうえで重要な資料になるものと考えら

写真 6-1　中央に木があるスロープ(筆者撮影)

れる。そこで，上記の項目のうち一部をとりあげ，いかなる内容が記述されているのかを概観する。

① 階段

階段は建築物内における上下移動のための手段として，障害の有無にかかわらずすべての人にとって適切なデザインで設置されるべきであるとしたうえで，原則としてあるべき奥行や段差の高さ，段数，両側に手すりが設けられるべきこと，滑りにくい材質が使われるべきことなどが示されている。また，点字ブロックの設置や色のコントラストを設けることなども求められている。そして，デザインに関して考慮すべき事項が列挙されたうえで，要請される項目として，段差を150㎜以内にすること，奥行きは300㎜以上とること，（階と階または踊り場までの）一続きについては高さ1800㎜以内，段数は11段までとすること，らせん階段などは避けることなどが示されている（GOI 2014, 7-8)。

② トイレ

車いす利用者を含む障害者ができるかぎり自立的にトイレの利用ができるようにする必要があることが述べられたうえで，そのデザインについて必ずなされていなければならない点が挙げられている。たとえば，1つの階に最低1つの障害者がアクセス可能なトイレを設置すること，アクセス可能なトイレは2200㎜×1750㎜を下回らないものとし，さらに室内での可動領域を1500㎜四方とることや便器の高さや水洗設備，あるいは手洗い場について一定の基準内にすること，手すりを設置すること，そして緊急呼び出しベルを設けることなどが詳細に示されている（GOI 2014, 20-22)。

③ エレベーター

建築物の各階から少なくとも1つのエレベーターにアクセスできるようにすること，かごについては少なくとも2000㎜×1100㎜の広さと最低900㎜の間口を確保すること，設定された基準に適合的な位置に手すりを設置することなどがとくに求められている。このほか，指示ボタンについては900㎜以上1200㎜以下の位置に設置すること，点字などによる表示を設けること，緊急呼び出しボタンの設置などが必要事項として示されて

いる（GOI 2014, 31-33）。

　本ハンドブックに示された基準は，欧米の基準と比較しても必ずしも低く設定されたものではないことが示されている。しかし，これらの基準が実際に遵守されていないかぎりは，障害者にとってのアクセシビリティは向上しないということができる。こうした基準が設定されているなか，現在政府により進められている障害者のアクセシビリティ向上のための政策の1つが，アクセシブル・インディア・キャンペーンである。次項では，立法および政府により設定された基準の執行に関連するものとして，同キャンペーンの内容と現状について概観する。

第3節　アクセシブル・インディア・キャンペーン

3-1 インチョン戦略

　2015年から開始された政府主導によるキャンペーンが，アクセシブル・インディア・キャンペーン（Accessible India Campaign: *Sugamya Bharat Abhiyan*）である。このキャンペーンは，2012年採択の国連ESCAPによる「アジア太平洋障害者の権利を実現するインチョン戦略」（Incheon Strategy to "Make the Right Real" for Persons with Disabilities in Asia and the Pacific. 以下，インチョン戦略）[8]において設けられたガイドラインに基づき，設定され，実施されるものである。インチョン戦略は10の目標，27のターゲット，62の指標から構成されているが，このうちアクセシブル・インディア・キャンペーンに関連するのが目標3として提示されている「物理的環境，公共交通機関，知識，情報およびコミュニケーションへのアクセスを高めること」である。

　この目標3に関連しては4つのターゲットが設定されている。それは，

---

[8]　原文については　http://www.unescapsdd.org/files/documents/PUB_Incheon-Strategy-EN.pdfを参照した（2016年12月27日最終アクセス）。なお，内容の解説については以下のサイトを参照した（http://www.dinf.ne.jp/doc/japanese/twg/escap/incheon_strategy 121123_j.html　2016年12月27日最終アクセス）。

「国の首都において、公に開かれた物理的環境のアクセシビリティを増大させる」(ターゲット3.A)、「公共交通機関のアクセシビリティおよび利便性を高める」(ターゲット3.B)、「情報およびコミュニケーションサービスのアクセシビリティおよび利便性を高める」(ターゲット3.C)、および「適切な支援機器または支援製品を必要としながらそれをもたない障害者の割合を半減させる」(ターゲット3.D)である。このうち、アクセシブル・インディア・キャンペーンに直接関連するものとしてキャンペーン資料で挙げられているのが、上記の3.Aから3.Cまでの3つのターゲットである。つづいて、指標との関係を視野に入れながら同キャンペーンの内容について概観する。

3-2 アクセシブル・インディア・キャンペーン
　このキャンペーンでは、以下の7つの目標が定められており、それぞれに1つから3つのターゲットが設定されている。
① 目標1「政府機関の建築物をアクセシブルなものとする」
　障害者がアクセスしうる政府機関の建築物とは、これに入り、その施設を利用するに当たり何らの障害（バリア）もないことを意味し、これには階段、廊下、門、緊急出口、駐車場などの設備のほか、照明、標識、警告システムやトイレなどが含まれている。そして、アクセス可能な建築物か否かについては年次的な監査が必要となるとし、もしも完全にアクセス可能な建築物となったとみなされれば、監査の必要はなくなるものの、制度の変更などは随時求められるとした。さらに、基準はできるかぎりISOのような国際標準に沿うものでなければならず、地域的状況にも合うものでなければならないとしている。これに関連するターゲットは、以下の3つであった。
　1.1　デリー、ムンバイなどの主要な26都市[9]における、最も重要な政府機関の建築物50棟について、アクセシビリティの監査を行い、これを2016年7月までに完全にアクセス可能な建築物とする
　　　また、ラーンチー、ジャーンシーなどの重要な24都市における、最も重要な政府機関の建築物25棟について、アクセシビリティの監

査を行い，これを 2016 年 7 月までに完全にアクセス可能な建築物とする[10]
　1.2　首都および州都にある政府機関の建築物の 50％を，2018 年 7 月までに完全にアクセス可能なものとする
　1.3　上記の 1.1 および 1.2 に示された都市以外の各州の 10 の重要な都市または町で政府機関の建築物の 50％において監査を行い，それを完全にアクセス可能なものとする
② 目標 2「空港のアクセシビリティを強化する」
　障害者が自由に入り，その施設を自由に利用でき，搭乗できるのがアクセス可能な空港であるとして，以下のターゲットを設定している。
　2.1　すべての国際空港においてアクセシビリティ監査を行い，そのすべてを完全にアクセス可能なものとする（2016 年 7 月まで）
　2.2　すべての国内空港においてアクセシビリティ監査を行い，そのすべてを完全にアクセス可能なものとする（2018 年 3 月まで）
③ 目標 3「アクセス可能な鉄道の駅とする」[11]
　この目標に関連するターゲットは，以下のとおりである。
　3.1　A1 および A，B カテゴリー[12] の駅を完全にアクセス可能な駅とする（2016 年 7 月まで）

9）　このほかの都市は，ベンガルール，チェンナイ，ハイダラーバード，コルカタ，アーメダバード，プネー，ボーパール，カーンプル，コインバトール，インドール，ジャイプル，ヴァドーダラー，スーラト，ナーグプル，ラクナウ，パトナ，ヴィシャーカパトナム，ライプル，グルグラム（グルガオン），スリナガル，ティルヴァナンタプラム，ブバネーシュワル，チャンディーガル，ガウハティである。
10）　その他の都市は，ポートブレア，イタナガル，ダマン，パナジ，シムラ，ナーシク，ガンディーナガル，カヴァラッティ，アーグラー，ノイダ，インパール，シロン，アイザウル，コヒマ，プドゥチェッリー，ガントック，アガルターラ，デーラドゥン，シルヴァッサ，ルディアナ，ファリダバード，ヴァラーナシーである。
11）　2017／18 年度予算では，500 の駅をバリアフリーにすることが盛り込まれている（http://www.thehindu.com/business/budget/Highlights-of-Union-Budget-2017-18/article17127298.ece　2017 年 2 月 6 日最終アクセス）。
12）　A1 はチャトラパティ・シヴァージー・ターミナス（ムンバイ）や，ニューデリーなど主要な駅で年間の旅客収入が 5 億ルピー以上のものとして 75 駅がカテゴライズされており，A ランクは全国で 332 駅がカテゴライズされている。

3.2　国内にある駅の50％を完全にアクセス可能な駅とする（2018年3月まで）
④　目標4「公共交通機関をアクセス可能なものとする」
　これはバスなどの公共交通機関が念頭におかれていると思われるが，以下のターゲットが設定されている。
　　4.1　政府所有の公共交通機関のうち10％を完全にアクセス可能なものとする（2018年3月まで）
⑤　目標5「公共の書類やウェブサイトを国際的なアクセシビリティ標準に適合するようにアクセス可能性および利用可能性を強化する」
　法律，規則，報告書，書式，情報誌などの政府が発行する印刷物やウェブサイトなどについて，国際的標準に適合したものとすることをいう。これに関しては，以下の2つのターゲットが示されている。
　　5.1　すべての政府（中央および州）のウェブサイトの50％についてアクセシビリティ監査を行い，これらを完全にアクセス可能なものとする（2017年3月まで）
　　5.2　連邦政府および州政府により発行されているすべての印刷物のうち少なくとも50％についてアクセシビリティ基準に適合的なものとする（2018年3月まで）
⑥　目標6「手話通訳者の数を増加させる」
　これについては，以下のようなターゲットが設定されている。
　　6.1　研修により200人以上の手話通訳者を増やす（2018年3月まで）
⑦　目標7「公共のテレビニュース放送における字幕や手話通訳を日常的に実施する」
　政府により制作または資金の補助などがなされているニュース放送について，手話通訳や字幕などを付することが求められている。これについては，次の2つのターゲットが設定されている。
　　7.1　字幕および手話通訳の国内基準について国内のメディア機関と協議のうえで開発させ，これを採用する（2016年7月まで）
　　7.2　政府のチャンネルにおいて放映されるテレビ番組のうち，25％が上記の基準に適合するようにする（2018年3月）

これらの目標の実現について，政府の建築物については民間団体の協力のもと，アクセシビリティ監査が行われることによりその成果が明らかとされている。次項では，監査を行った民間団体の1つであるスワーヤム（Svayam）が行った監査の状況をもとに，同キャンペーンの実情を検討したい。

3-3 アクセシビリティ監査の状況
(1) アクセシビリティ監査におけるチェック項目
　前述のターゲット1.1にみられるように，大都市における政府機関の建築物についてアクセシビリティ監査を実施することが求められていた。その監査の内容については，チェックリストが公開されている[13]。そのチェック項目は大きく4つに分かれており，第1セクションが建築物において提供されているサービスに関する情報およびコミュニケーションについて，第2セクションが建築物においていかなる形でサービスが提供されているかについて，第3セクションが建築物の物理的側面について，そして第4セクションがバリアフリーおよびアクセシビリティハンドブックに

写真6-2　地下鉄駅のエレベーター（筆者撮影）

---

13) http://disabilityaffairs.gov.in/upload/uploadfiles/files/Annexure_%20II%20docx.pdf を参照のこと（2017年12月24日最終アクセス）。

は記載されていない内容についての事項を取り扱うものである。

　第1セクションの情報およびコミュニケーションについては，たとえば建築物にアクセシビリティ設備について写真付きで情報提供されているか，印刷物や小冊子，あるいは書類やメニューなどが点字などの手段によっても提供されているか，スタッフのなかに手話通訳の研修を受けたものがいるか，などの項目がチェック対象として挙げられている。

　第2セクションのサービスについては，スタッフの研修のなかでの障害問題，障害者対象設備の使用方法，基礎的な手話などが扱われているか否か，スタッフの雇用に際して障害者の機会均等が図られているかなどの点が対象とされている。

　第3セクションに掲げられている諸項目が，チェックリストのなかでも最も数の多い部分となっている。

　屋外環境としては，まず駐車場（ハンドブック17章関連）については障害者向けの駐車スペースの有無，その大きさ（3.6m×6m），当該スペースからアクセス可能な入口までの距離などがチェック項目とされており，乗降場所（同17章関連）については，その有無，入口までの段差の有無などが項目として挙げられている。また，アクセス可能な通路（同1章関連）については，これが入口や駐車場などに通じているか，その幅は最低1.2mあるか，その表面は滑らない材質になっているか，通路上の障害物の有無などがチェック項目になっている。

　屋内環境では，まずアクセス可能な入口（同4章関連）に関する項目として，メインの入口がすべての者にアクセス可能であること，その入口のサイズ，ドアが障害者が使用可能であることなどが挙げられている。そのほか，受付およびロビー（同6章および11章関連）については，その広さやカウンターの高さ，カウンターの色が壁とコントラストをなしているか，などの点がチェック項目とされている。階段（同4章関連）に関しては，その一段の高さおよび幅，色のコントラスト，表面の材質，踊り場の形状などが項目として挙げられている。また，スロープ（同2章関連）については，階段の代わりとしてのスロープの有無，その斜度や幅，手すりの設置などがチェック項目とされている。

屋内の設備に関しては，手すり（同5章および13章関連），エスカレーター（同14章関連），廊下（同6章関連），ドアおよび出入口（同11章関連），アクセス可能なトイレ（同8章関連），カフェテリア，飲料水設備（同15章），管理設備（同15章関連）[14]，看板（標識）（同10章関連）などが挙げられている。このうち，エレベーターに関してはかごのサイズや鏡の有無，ボタンの高さや表示のあり方などが，エスカレーターについては，バリアフリーな通路として扱われるべきではないこと，視覚障害者に対して適切な警告表示があること，スピードや段差のあり方などがチェック項目になっている。また，ドアについてはチェックされる項目として，サイズのほかにレバーの形状，開けた際のスペース，自動ドアの場合開いている時間などが挙げられている。トイレについては，その部屋の広さのほか，便器のサイズ，水洗レバーの形状，手すりの有無など詳細にわたってチェック項目が挙げられている。

　ハンドブックに記載されていない事項としては緊急脱出口があり，その有無やサイズ，看板などの有無，緊急脱出体制やルートの掲出などが項目に挙げられている。

　以上のように，チェックリストにおいては詳細にわたってチェック項目が列挙されている。つづいて，監査の進め方について概要を紹介する。

(2) アクセシビリティ監査の現状

　建築物等のアクセシビリティ監査を行う機関は，18機関あり，そのうち建築学関係の組織または大学の学部（教員含む）が4機関で，残りは障害者関連の民間団体などが占めている。

　スワーヤムも上記の民間団体の1つで，15年にわたり障害者のアクセシビリティ，とくに歴史的遺産や公共建築物のアクセスについて監査する活動を続けてきた団体である[15]。過去の業績ではデリー郊外の歴史遺産であるクトゥブ・ミーナールやレッド・フォートなどのアクセス可能性につ

---

14) 電気のスイッチ，電気プラグのコンセント，自動販売機などを指している。
15) 以下の記述は，スワーヤムのS. C. ヴァシシュット氏，S. クマリ氏からの聞き取りによる。両氏には記して謝意を表したい。

いて監査し，提言を行っていることが示されているが，アクセシブル・インディア・キャンペーンのもとでは8つの都市[16]における340の建築物について監査を行っている。

　監査を実施するに際して，スワーヤムでは監査人（access auditor）の研修を行い，アクセシビリティ監査に備えた。監査を実施するには監査人のほか，建築士，技師，障害当事者などから構成される5人から6人のチームを組んだということである。なお，監査を実施したほかの団体でも監査人，車いす利用者，視覚または聴覚等障害者，建築士および技師からなるチームを組んでいる[17]。

　監査の対象とされる建築物は大きく，政府関連の建築物（政府機関，大学，博物館など），病院，公共交通機関関連の建築物，および公園に類別できる。都市によっていかなる種類の建築物が多く監査の対象になっているかは異なり，たとえばデリーの場合は政府系の建築物が9件なのに対して病院が17件となっているのに対し，グルガオンの場合は全体で42件の監査対象のうち31件が政府系の建築物，2件が病院，7件が交通機関関係の建築物，そして2件が公園となっている。資料が公開されているそれぞれの都市に関してみるかぎりでは，都市により監査対象の建築物種別でその多さにちがいがあることがみてとれる。スワーヤムが監査を実施した都市の1つが首都のデリーであるが，監査の対象となった政府系の建築物としては大統領官邸，最高裁判所，国立近代美術館などが挙げられる。次項では，最高裁判所の監査結果報告の内容について，概観する。

(3) 最高裁判所の監査結果について

　16の項目について監査がなされた結果，以下のとおりの結果が出された。評価は5段階で示され，最高裁判所においてはランク2（アクセス不

---

16) ムンバイ，デリー，グルグラム，ファリダバード，ヴァラーナシー，ジャイプル，デーラドゥン，チャンディーガル。

17) パンディット・ディーンダヤル・ウパドゥヤヤ身体障害研究所（Pandit Deendayal Upadhyaya Institute for the Physically Handicapped）の例。
http://disabilityaffairs.gov.in/upload/uploadfiles/files/iph(1).pdf　参照（2017年12月25日最終アクセス）。

可能または不十分），ランク5（アクセシビリティについて問題ない）と評価された項目はなかった。

　ランク1（危険，アクセス不可能または不十分）
　アクセス可能な通路，トイレ，カフェテリア，看板，緊急脱出口
　ランク3（不十分だが受忍限度内）
　駐車場，受付およびロビー，階段，手すり，エレベーター，飲料水設備
　ランク4（アクセス可能であり，受忍限度内）
　乗降場，入口，スロープ，廊下，ドアおよび戸口

　いかなる点が問題とされてそれぞれランク付けがなされたのか，トイレ，階段，エレベーターについてそれぞれ監査報告の概要を紹介する。

・トイレ
　車いす使用者用のトイレはあるものの，一般用のトイレについては点字での表示がないこと，壁と床がほとんど同じ色で視覚障害者には判別が難しいこと，小便器の高さの問題もあり，視覚障害者には利用困難なこと，個室（大便器）まで誘導するタイルが設置されていないことなどが不十分な点として挙げられ，それらの改善が提言されている。

・階段
　手すりが片方にしかないなど，十分ではない箇所がみられるほか，各段の角の色分けがなされていない結果，視覚に障害がある者にとってはみづらい階段があることなどが指摘された。そのため，手すりを可能なかぎり踊り場まで延長することや，各段の角から5cm程度色分けをすることなどが提言されている。

・エレベーター
　エレベーターの内外に設置されたボタンには点字が付されていることのように，よい点もみられるが，かごの入口が80cmと基準よりも少し小さいこと，一部のエレベーターにのみ手すりが設置されていること，鏡が設けられていないこと，そしてエレベーターのかごと建物のあいだに段差があることなどが問題視されている。したがって，扉側以外の三面に手すりを設けること，段差をなくすことなど幅広い点にわたって課題が指摘されている。

上記のほか，看板（標識）に関してはさまざまな項目のなかでふれられており，たとえば駐車場に関する記述では，その問題点として裁判所入口にアクセス可能な駐車場がある旨の看板がないことが挙げられており，また，裁判所入口に掲げられている表示の位置が低く，みづらいことなども課題とされている。全体的に，点字ブロックや手すりの不備，看板や標識による誘導の不十分さなどが問題とされている。

　このように，政府関連の建築物においてアクセシビリティの監査を行った結果，一定程度のアクセス可能性は確保されているものの，現時点では必ずしも十分ではない点がみられることが明らかとなっている。上述のようなアクセシビリティの問題に関連して訴訟を提起した事例はさまざまにみられる。次項では，そのような訴訟の一例として，政府関連の建築物におけるアクセシビリティの問題をとりあげた事例について概観し，当該訴訟の判決のなかで最高裁判所の発した指令について検討する。

3-4　ラジブ・ラトリ判決

　最高裁は 2017 年 12 月 15 日，人権団体に勤務するラジブ・ラトリ氏が提起した公益訴訟[18]の判決のなかで，連邦および州政府の建築物について障害者に対するアクセシビリティを確保するよう指令を発した[19]。本項では，判決内で示された指令の内容について概観する。

(1)　**ラジブ・ラトリ判決の概要**

　原告ラジブ・ラトリ（Rajive Raturi）氏は，視覚障害があり，デリー市内の人権団体に勤めている。元来この訴訟は，視覚障害者の道路および交

---

18) Rajive Raturi vs. Union of India and Others, WP (Civil) No. 243 of 2005 with WP (Civil) No. 228 of 2006.

19) 以下のウェブサイトを参照。
http://globalaccessibilitynews.com/2017/12/18/make-government-buildings-easier-to-access-for-persons-with-disabilities-sc（2017 年 12 月 22 日最終アクセス）。
　また，全国紙における報道として http://indianexpress.com/article/india/sc-push-to-public-access-for-disabled-persons-4987425（2017 年 12 月 22 日最終アクセス），あるいは https://timesofindia.indiatimes.com/india/make-public-spaces-disabled-friendly-sc-instructs-govts/articleshowprint/62091134.cms（2017 年 12 月 22 日最終アクセス）を参照。

通にかかわるアクセシビリティを求める訴えから始まったものである（パラグラフ番号1。以下，カッコ内の数字同じ）。原告によれば，道路については音声付きの信号機設置やコントラストの明確な横断歩道など12項目にわたる改善すべき事項があり，交通機関についても，地下鉄などにおける音声による案内や，バス停留所における点字看板の設置など，8項目の事項が改善されるべきものとして挙げられている。そして，原告はこれらの改善されるべき項目に対する政府の動きが遅いことを主張している。

　裁判所は，視覚障害者の権利に関する国際法による保護について述べたのち，憲法による権利保護の例として，たとえばムーリン事件判決[20]を引いて憲法第21条に基づき尊厳をもって生活する権利が保障されていることを示し，また，ラーム・シャルマ判決[21]を参照して，憲法第21条に基づく生命の権利にはアクセシビリティへの権利を含むことを挙げた。さらに，ジージャ・ゴーシュ判決[22]における人間の尊厳と障害者の権利保護との関連について引き，権利保障は障害者を社会の一員として構成するために不可欠なものとしている。そして，2016年障害者法におけるアクセシビリティに関連する規定を検討した後，バスなどの公共交通機関を障害者にとってアクセス可能にすることや，交通機関やその待合所におけるトイレを障害者にとってアクセス可能にすることなど11項目の供与されるべき事項と，階段設置における注意事項や駐車場の障害者向け駐車スペースの問題など，前述の供与されるべき事項を具体的に実現するための手段が示されている。また，1995年障害者法と2016年障害者法とのちがいとして，前者ではアクセシビリティ向上にかかわる設備は「経済的条件」によるという文言が入っていたところが，後者ではそのような条件づけがなされていない点は前進であると述べている。

　つづいて政府が2017年4月12日に提出した報告に対して，原告が提出した陳述書の内容を検討している。原告は，アクセシブル・インディア・

---

20) *Francis Coralie Mullin vs. Administrator, UOI and Others*, (1981) 1 SCC 608.
21) *State of Himachal Pradesh and Another vs. Umed Ram Sharma and Others*, (1986) 2 SCC 68.
22) *Jeeja Ghosh and Another vs. Union of India and Others*, (2016) 7 SCC 761.

キャンペーンで示された10項目の目標について，政府側の提出した達成事項に対してコメントを提示している。

たとえば，アクセシブル・インディア・キャンペーンで示された「2017年12月までに50都市での政府関連の建築物を完全にアクセス可能にする」という目標に対し，政府は「1653の建築物についてアクセシビリティ監査が終了しており，2017年3月時点で647の建築物の改修のための補助金に関する見積りが受理され，354の建築物に対して7160万ルピーの支出がなされた」という回答をしたが，原告は「監査は1165の建築物に対してしかなされておらず，改修の補助金の見積りは366の建築物に対して，そして67の建築物に140万ルピーが支出されたにすぎない」とコメントしている。

同様に，「2018年12月までに首都およびすべての州都にある政府関連の建築物の50％を完全にアクセス可能にする」という目標に対して，政府からは「2016年にバリアフリー環境に関するガイドラインやモデル建築基準を策定したこと，2017年には改訂版の建築基準が刊行されること」などが示されたが，原告は「建築物におけるアクセシビリティを確保する以前にこれらの基準や規則が作成されていなければならない」と指摘している。

このように，アクセシブル・インディア・キャンペーンにおいて設けられた目標について政府が報告した達成状況に対して，原告側はいずれも不十分な点があることを指摘し，裁判所からの指令に盛り込まれるべき事項を列挙した。

たとえば前述の50都市での建築物のアクセシビリティに関して，州政府は残る約1000の建築物について1カ月以内に費用見積りを算出すること，連邦政府は1653の建築物すべてに関して改修のために必要な費用を州政府に対して支出すること，州政府は2017年12月までに1653の建築物について改修を行うことなどが挙げられている。また，首都および州都の政府関連建築物の50％以上に関連する目標については，すべての州政府は連邦政府に対して当該50％に含まれる建築物のリストを1カ月以内に提出すること，2018年12月までに見積りから改修までの作業を終了さ

せることなどが挙げられている。

原告側のコメントに対し，政府は改修費用の支出は財政状況に基づくものであり，6カ月の猶予期間をもって州政府に見積りを提出させるのが妥当であること，2017年12月までに改修を終了させることは非現実的であること，改修作業終了後にアクセシビリティ監査を実施することが適切であることなどを抗弁した（24）。これに対し原告は，取り組まれる目標のなかには本来の期日をすでに過ぎているものがあること，支出が財政状況に左右されるものであるとの抗弁は擁護されるものではないことなどの問題点を指摘している（27）。

これらの主張に基づき，裁判所は，原告が提示した10項目の改善すべき目標は2016年障害者法のもとで法的に求められるものとなっていること，そしてその点については政府も認めていることを示したうえで，連邦政府はさまざまな対応策をとってきたのに対し多くの州政府は十分な対策をとっていないことを指摘し，連邦政府および州政府は2016年障害者法を順守しなければならないことを示して，11項目におよぶ指令を発している。次項ではこの指令の内容を概観する。

(2) **最高裁による指令**

本判決における最高裁判所による，11項目にわたる指令は以下のとおりである。カギカッコ内が指令の内容であり，さらに記載されている内容は指令に続いて補足されている部分の概略を示したものである。

① 「50都市における20から50の重要な政府関連の建築物を2017年12月までに完全にアクセス可能なものとすること」

この期限はアクセシブル・インディア・キャンペーンにおいて設定されているが，2016年障害者法第46条に基づくならば2019年6月までにアクセス可能にすべきとされているものである。

② 「首都および州都にある政府関連の建築物のうち50％を2018年12月までに完全にアクセス可能なものとすること」

対象建築物の特定は2017年2月28日までになされるはずであったが，同年8月の報告によればわずか7州が建築物の特定を行ったにすぎないとされている。

③「①および②の対象とはなっていない，各州または連邦直轄領における最も主要な都市または町にある政府関連の建築物の50％について，2019年12月までにアクセシビリティ監査を終え，完全にアクセス可能にすること」

現状については②の解説にあるとおりであり，各州は2018年2月28日までに最も重要な都市10ヵ所を特定のうえ，2019年12月までに改修をしなければならないとしている。

④「連邦政府関連の建築物について」，2018年8月までに工程表に示されたものを完成させること。

⑤「空港のアクセシビリティについては，すべての国際空港のアクセシビリティ監査を行い，完全にアクセス可能にすること」

連邦政府はアクセシビリティ監査を行い，これをウェブサイトに2018年6月までに公示しなければならない。

⑥「鉄道におけるアクセシビリティについて，鉄道省は2016年7月までにすべてのA1，AおよびBカテゴリーの駅をアクセス可能にすることが求められていた。2018年3月までにすべての駅の50％を完全にアクセス可能にすること」

原告の2017年6月30日の陳述書によれば，鉄道駅に関しては12点の指令で求められるべき項目が列挙されていた。それらの内容を実施することについては争いはないが，原告は期限を定めた実施を求めているものである。2016年障害者法に定められた内容については，政府も法的に定められた日程で作業を進めるとしても，それ以外の事項については日程は定めず，まず日程作成のための調査から進められるべきであり，その報告を3ヵ月以内に裁判所に提出すべきであると示されている。

⑦「政府所有の公共交通機関のうち10％について，2018年3月までに完全にアクセス可能にすること」

連邦，州および連邦直轄領は，そのバスを障害者の利用に適合的にすべきであり，その実施の計画を3ヵ月以内に提出しなければならないとされた。

⑧「アクセシビリティにかかわる知識および情報技術システムのもとでの

致命的な問題について総合的に見直し，2017年3月までに少なくとも連邦および州政府のウェブサイトの50％をアクセシビリティ基準に適合的なものにすべきものであって，2018年3月までには少なくとも50％の公的文書をアクセシビリティ基準に適合的なものにしなければならない」

実施については争いはなく，タイムスケジュールの問題だけである。アクセシブル・インディア・キャンペーンにおいて目標の日程は言及されていたが，政府に検討を行わせたうえで，3カ月以内に報告がなされるべきとしたものである。

⑨「インド基準局（Bureau of Indian Standards）は，改訂全国建築基準に，障害に関連する事項を盛り込むこと」

2016年障害者法の規定，技術の革新および障害者のニーズの観点からガイドラインの定期的改訂が求められる。

⑩「2018年3月までに手話通訳者についてさらに200人分を研修の対象とする」

⑪「2016年障害者法第60条および第66条によれば，すべての州および連邦直轄領に連邦障害諮問評議会および州障害諮問評議会の設置が求められていることから，当該条項の効果的執行のために，これらの評議会を3カ月以内に設置することを指令する」

これらの指令については，受理から3カ月後に経過報告書の提出が求められており，また，政府側はその後のフォローアップについても示さなければならないことが付記されている。今後は，本指令に基づいて政府がいかなるフォローアップを実施し，さらにそれに対して裁判所がいかなる対応をみせるのかが注目される。また，本指令の内容からは，アクセシブル・インディア・キャンペーンの推進が裁判所からも求められていることが明らかとなり，インドにおける障害者のアクセシビリティの改善について，政策の実施と司法による監視とがつながっていることがわかる。

第6章　インドにおける障害者のアクセシビリティ問題と法

おわりに

　本章では，インドにおける障害者の物理的アクセシビリティの問題について，主に立法，政策および司法判断の側面から検討した。
　まず，2016年に制定された障害者の権利法については，立法過程をみるかぎり，2011年に作成された法案がアクセシビリティに関して詳細な内容を規定していたのに対し，現行法の基礎となった2014年法案では2011年法案の内容を簡略化したものになったことが示された。しかし，アクセシビリティに関する条項が1995年障害者法に比べてより多く設けられたことは事実であり，今後は当該条文に沿って障害者のアクセシビリティ向上のための動きが加速する可能性は否定できない。
　アクセシビリティにかかわる政策として本章でとりあげたアクセシブル・インディア・キャンペーンについては，多岐にわたる内容が注目される。しかし，アクセシビリティ監査などの作業はすでに進められているが，元来予定していた都市および建築物での監査がすべて終了したとはいえない。監査が終了したうえで，その提言に基づき建築物の改修作業なども進められるものと考えられることから，障害者のアクセシビリティ向上のためにも，キャンペーンに盛り込まれた諸施策のさらなる実施が必要と考えられる。
　政府の動きに対して，裁判所も注意を払っていることは，ラジブ・ラトリ判決における指令からも読み取ることができる。前述のとおり，最高裁判所は原告の訴えを受け，アクセシビリティの向上にかかわる指令を発出している。当該事件は公益訴訟であったため，今後は指令の実施状況について裁判所が継続的にモニターしていくものと考えられる。
　現在のインドでは，障害者のアクセシビリティにかかわってさまざまな側面で動きがみられることは，上述のとおりである。なかでも，アクセシブル・インディア・キャンペーンの今後の動きおよび最高裁の指令に対する政府の対処は，継続して注視すべき事項ということができよう。

〔参考文献〕

〈日本語文献〉
浅野宜之 2010.「インドにおける障害者の法的権利の確立」小林昌之編『アジア諸国の障害者法——法的権利の確立と課題』日本貿易振興機構アジア経済研究所: 149-182.
―― 2017.「インドにおける障害者とアクセシビリティの改善」小林昌之編『アジアにおける障害者のアクセシビリティ法制』調査研究報告書．日本貿易振興機構アジア経済研究所: 91-104.
―― 2018.「(資料) インド 2016 年障害者の権利法」『関西大学法学論集』67(5): 1141-1187.

〈英語文献〉
Addlakha, Renu ed. 2013. *Disability Studies in India: Global Discourses, Local Realities*, New Delhi: Routledge.
Kannabiran, Kalpana and Asha Hans eds. 2017. *India Social Development Report 2016: Disability Rights Perspectives*, New Delhi: Council for Social Development and Oxford University Press.
Kothari, Jayna 2012. *The Future of Disability Law in India*, New Delhi: Oxford University Press.
Ghosh, Nandini ed. 2016. *Interrogating Disability in India: Theory and Practice*, Springer (eBook).
GOI (Government of India) 2014. *Handbook on Barrier Free and Accessibility*, New Delhi: Central Public Works Department, GOI.
―― 2016a. *Annual Report 2015-2016*, New Delhi: Department of Empowerment of Persons with Disabilities, Ministry of Social Justice and Empowerment, GOI.
―― 2016b. *The Rights of Persons with Disabilities Act, 2016, The Gazette of India Extra Ordinary Part II Section I*, 28 December.
Gudlavalleti, Murthy Venkata S., Neena John, Komal Allagh, Jayanthi Sagar, Sureshkumar Kamalakannan, Srikrishna S. Ramachandra, and South India Disability Evidence Study Group 2014. "Access to Health Care and Employment Status of People with Disabilities in South India, the SIDE (South India Disability Evidence) Study," *BMC Public Health*, 14; 1125 (https://www.ncbi.nlm.nih.gov/pmc/articles/PMC4228146 2017 年 11 月 25 日最終アクセス).
Sinha, S.B. 2005. "Disability Law vis-A-vis Human Rights," *(2005) 3 SCC(J)* 1.

索 引

【アルファベット】

ADA　29, 147, 148, 165
CRPD　→　障害者権利条約
VFD　87, 97, 98, 101, 103, 104

【あ行】

アクセシブル・インディア・キャンペーン　15, 174, 188, 189, 195, 198-200, 202, 203
医学モデル　53, 93
移動可能性　152, 153, 159, 160
インターネット　5, 7, 38, 51, 54, 61, 67
インチョン戦略　11, 188
ウェブ・アクセシビリティ　38, 39, 47, 155
ウェブサイト　11, 38, 55, 57, 61, 67, 68, 157, 162, 173, 175, 183, 191, 201, 202

【か行】

ガイドライン　3, 11, 32, 66, 68, 85, 90, 91, 93, 147, 165, 174, 188, 199, 202
監査　13, 15, 156, 157, 163, 186, 189-192, 194-197, 199-201, 203
監視　5, 7, 16, 202
基準　2, 3, 5, 7, 9, 10, 13, 16, 20, 21, 23, 24, 26, 28, 30-33, 35-37, 39, 41, 42, 46, 56, 58-63, 84, 85, 89-92, 98, 110, 112, 138, 144, 153, 154, 157, 177, 179-189, 191, 196, 199, 202
空港　26, 57, 73, 74, 91, 123, 144, 145, 159, 180, 182, 183, 190, 201
車いす　24, 27, 28, 34, 36, 41, 60, 66, 73, 75, 78, 81, 82, 85-87, 91, 94, 95, 97, 100-102, 106, 116, 119, 122, 123, 127, 128, 138, 144, 145, 187, 195, 196
クローズド・キャプション　37, 51, 164-166

形式的バリアフリー　13, 14, 16, 104-106
建設的対話　7, 65, 67-69
憲法　14-16, 88, 110, 113-115, 117, 118, 124, 125, 132, 136, 142, 156, 198
公共交通　8, 10, 11, 14, 23, 29, 34, 53, 54, 59, 60, 63, 67, 69, 71, 78, 86, 91, 92, 97, 116, 121, 153, 156, 161, 173, 175, 176, 180, 185, 188, 189, 191, 195, 198, 201
航空機　30, 32, 60, 71-75, 79, 121, 122, 153
交通アクセシビリティ　154, 161
交通弱者　30-34, 39, 109
──法　12, 13, 20, 21, 23, 24, 26, 28, 30-36, 39, 41, 42, 46, 49
合理的配慮　1, 2, 13, 21, 39, 40, 42, 76-78
国連障害者権利条約　→　障害者権利条約
国連障害者生活環境専門家会議　81, 105, 106
コミュニケーション　4, 67, 93, 120, 122, 123, 156, 157, 160, 179, 182

【さ行】

サービス　2-7, 10-14, 16, 17, 19-21, 27, 28, 38, 40, 46, 51, 53-55, 57-61, 63-70, 72-76, 78, 87, 92, 110-113, 116-123, 130, 132, 135, 136, 147, 148, 155-157, 160-162, 165, 168, 173, 179, 181, 182, 184-186, 189, 192, 193
裁判所　4, 13-16, 68, 74, 124-132, 134-143, 166, 178, 195, 197-203
差別　1, 4, 12, 13, 21, 30, 33, 40-43, 46, 49, 50, 114, 124, 141, 161, 165, 176
視覚障害　21, 22, 55, 67, 72, 77-78, 81, 147, 161, 197
──者　9, 10, 27, 37, 41, 45, 58, 61, 62, 70-72, 76, 77, 84, 87, 93, 100, 102, 103, 119, 120, 122, 123, 150, 165, 176, 194, 196-198

205

試験　50, 55, 58, 61, 76-78
肢体障害　21, 22
　——者　60, 81, 150
字幕　9, 28, 37, 38, 51, 61, 67, 93, 164-169, 181, 183, 191
社会モデル　1, 7, 93
手話　7, 9, 13, 21, 37, 38, 42-46, 51, 54, 58, 61, 67, 68, 76, 93, 183, 193
手話言語法　13, 20, 42-45
手話通訳　5, 21, 27, 38, 42, 44, 46, 50, 51, 54, 68, 75, 78, 93, 117, 155, 157, 160, 162, 163, 167, 168, 181, 191, 193, 202
障害者エンパワーメント法　14, 116-120, 124, 141-143
障害者権利委員会　2, 6, 7, 8, 13, 45, 54, 65-69, 88
障害者権利条約　1-8, 10-17, 19, 42, 44-46, 54, 56, 57, 59, 60, 63, 65-70, 75, 78, 88, 94, 103-106, 116, 117, 124, 148, 154, 156, 158, 167, 170, 175, 176
障害者差別禁止法　13, 20, 21, 27, 33, 34, 36-42, 46, 49
障害者等の便宜法　12, 13, 19, 20, 23-29, 31, 34-36, 39, 41, 42, 46
障害者の権利法　12, 15, 174, 176, 203
障害者のマグナカルタ　12, 151, 152, 158, 163
障害者法　11, 12, 16, 54, 78, 85, 89-91, 93, 94, 151, 174-177, 181-185, 198, 200-203
障害者保障法　12, 13, 54-56, 58, 63, 66, 68-70, 75, 76, 78
障害者連合会　62, 64, 65, 71, 72, 77, 87
情報　2-7, 10, 11, 13, 14, 16, 17, 19, 24, 25, 27, 28, 36, 38, 39, 46, 50, 54, 57, 59-61, 63, 67-69, 78, 81, 89, 90, 93, 117, 120, 123, 147, 156, 157, 162-164, 167, 169, 170, 173, 175, 178, 179, 182, 183, 191, 193, 201
情報アクセシビリティ　9, 10, 13, 15, 16, 19-21, 23, 27, 36, 39, 41, 47, 142, 150, 154, 163, 165
情報・コミュニケーション　2, 3, 10, 11, 54, 57-61, 63, 64, 70, 75, 76, 78, 178-180, 188, 189, 192, 193
情報通信　2, 4-6, 10, 11, 41, 42, 50, 78, 93, 117, 148, 155-157, 160, 162, 163
設計　5, 36, 55-57, 61-63, 65, 66, 69, 81, 90, 101, 102, 140
訴訟　13-15, 68, 73, 109, 125-132, 135-138, 140-142, 148, 197, 203

【た行】

聴覚障害　21, 22, 44, 67, 78, 84
　——者　9, 27, 37, 38, 61, 81, 84, 92, 93, 100, 120, 122, 123, 161, 165, 178, 195
デザイン　56, 62, 139, 157, 160, 161, 163, 180, 183, 187
鉄道　8, 14, 26, 28, 30-34, 57, 71, 72, 79, 95, 103, 109, 116, 121-123, 125, 153, 161, 173, 180, 190, 201
テレビ　9, 28, 37, 61, 67, 93, 163-168, 178, 191
テレビ字幕　12, 15, 150, 162-166, 168-170
点字　4, 5, 7, 44-46, 50, 51, 54, 58, 61, 62, 67, 75-78, 93, 127, 187, 193, 196, 198
点字ブロック　27, 100, 103, 187, 197
電話リレーサービス　38

【な行】

認証　13, 20, 23, 26, 34-36, 39, 46, 177

【は行】

バス　8, 23, 29-34, 60, 87, 97-100, 103, 112, 116, 121-123, 125, 153, 161, 162, 173, 180, 183, 191, 198, 201
パラリンピック　19, 82
バリアフリー化の三角形　14, 83, 104, 105
バリアフリー環境建設条例　12, 13, 54-56, 59, 63, 69-71, 76, 78
バリアフリー認証制度　20, 23, 34, 35
判決　14, 15, 28, 73, 74, 124, 127, 129, 134, 135, 137-142, 166, 174, 197, 198, 200, 203

標準　11, 16, 25, 39, 56, 57, 62, 63, 66-69, 189, 191
物理的アクセシビリティ　14, 15, 42, 109, 110, 117, 118, 150, 153, 154, 156, 159, 163, 173, 176, 203
物理的環境　2-7, 9, 11, 16, 78, 148, 156, 179, 182, 188, 189
補助犬　49, 70-72

【ま行】

無障碍　56, 57, 59, 63, 66
盲人　10, 67, 70, 76, 147, 148
盲導犬　55, 70-72, 75

モニタリング　8, 16, 17, 62, 64, 68, 69, 79, 157
モビリティ　152

【や行】

ユニバーサルデザイン　7, 12, 17, 20, 81, 155, 160, 161, 174, 181, 183, 184

【ら行】

リフト　28, 34, 36, 41, 98, 99, 122, 123
ろう者　21, 43-45, 67, 68, 74, 75, 167

複製許可および PDF 版の提供について

点訳データ，音読データ，拡大写本データなど，視覚障害者のための利用に限り，非営利目的を条件として，本書の内容を複製することを認めます（http://www.ide.go.jp/Japanese/Publish/reproduction.html）。転載許可担当宛に書面でお申し込みください。

また，視覚障害，肢体不自由などを理由として必要とされる方に，本書のPDFファイルを提供します。下記の PDF 版申込書（コピー不可）を切りとり，必要事項をご記入のうえ，販売担当宛ご郵送ください。

折り返し PDF ファイルを電子メールに添付してお送りします。

〒261-8545　千葉県千葉市美浜区若葉 3 丁目 2 番 2
　　　　　日本貿易振興機構 アジア経済研究所
　　　　　研究支援部出版企画編集課　各担当宛

ご連絡頂いた個人情報は，アジア経済研究所出版企画編集課（個人情報保護管理者－出版企画編集課長 043-299-9534）が厳重に管理し，本用途以外には使用いたしません。また，ご本人の承諾なく第三者に開示することはありません。

　　　　　アジア経済研究所研究支援部 出版企画編集課長

PDF 版の提供を申し込みます。他の用途には利用しません。

小林昌之　編
『アジアの障害者のアクセシビリティ法制―バリアフリー化の現状と課題―』
【アジ研選書 No. 51】2019 年

住所 〒

氏名：　　　　　　　　　　　　年齢：

職業：

電話番号：

電子メールアドレス：

執筆者一覧（執筆順）

小林　昌之（アジア経済研究所新領域研究センター）

崔　栄繁（DPI日本会議議長補佐）

上野　俊行（東京大学先端科学技術研究センター特任研究員）

西澤希久男（関西大学政策創造学部教授）

森　壮也（アジア経済研究所新領域研究センター）

浅野　宜之（関西大学政策創造学部教授）

[アジ研選書 No.51]

アジアの障害者のアクセシビリティ法制
―バリアフリー化の現状と課題―

2019年3月12日発行　　　　　定価［本体2,600円＋税］

編　者　小林　昌之
発行所　アジア経済研究所
　　　　独立行政法人日本貿易振興機構
　　　　千葉県千葉市美浜区若葉3丁目2番2　〒261-8545
　　　　研究支援部　　電話　043-299-9735　（販売）
　　　　　　　　　　　FAX　043-299-9736　（販売）
　　　　　　　　　　　E-mail　syuppan@ide.go.jp
　　　　　　　　　　　http://www.ide.go.jp

印刷所　日本ハイコム株式会社

Ⓒ独立行政法人日本貿易振興機構アジア経済研究所 2019

落丁・乱丁本はお取り替えいたします　　　無断転載を禁ず
　　　　　　　　　　　　　　　　　　　ISBN 978-4-258-29051-2

出版案内
「アジ研選書」

（表示価格は本体価格です）

51 アジアの障害者のアクセシビリティ法制
バリアフリー化の現状と課題
小林昌之編　　　2019年　207p.　2600円

障害者がほかの者と平等に人権および基本的自由を享有するための前提条件であるアクセシビリティの保障について、アジア6カ国の法整備の実態を分析し、課題を明らかにする。

50 習近平「新時代」の中国
大西康雄編　　　2019年　214p.　2600円

2期10年の慣例を超えた長期政権を目指す習近平政権は、多くの課題に直面してもいる。本書では、諸課題の分析を通じ、政権が「新時代」を切り拓くための条件を展望する。

49 不妊治療の時代の中東
家族をつくる，家族を生きる
村上　薫編　　　2018年　245p.　3100円

男女とも「親になって一人前」とされる中東。不妊治療が急速に普及する今、人々は家族をどうつくり、生きようとしているのか。宗教倫理・医療的背景とともに、その営みを描く。

48 ハイチとドミニカ共和国
ひとつの島に共存するカリブ二国の発展と今
山岡加奈子編　　2018年　200p.　2500円

カリブ海に浮かぶイスパニョーラ島を分け合うハイチとドミニカ共和国。日本ではほとんど知られていない両国は、開発と経済発展、個人独裁の歴史、国民の生活水準、貧困と格差、大国の介入といった点で、共通点と際立った差異の両方を見せている。中米・カリブの専門家によるパイオニア的研究書。

47 マクロ計量モデルの基礎と実際
東アジアを中心に
植村仁一編　　　2018年　204p.　2600円

分析手法としてのマクロ計量モデルの歴史、構築のイロハから各国での活用例、大規模モデルへの発展まで、東アジアを中心として解説する。また、今後同地域が直面していくであろう高齢化といった問題を取り込む試みも行う。

46 低成長時代を迎えた韓国
安倍　誠編　　　2017年　203p.　2500円

かつてのダイナミズムを失って低成長と格差の拡大に苦しむ韓国の現在を、産業競争力と構造調整、高齢化と貧困、非正規雇用、社会保障政策の各テーマを中心に描き出す。

45 インドの公共サービス
佐藤創・太田仁志編　2017年　259p.　3200円

1991年の経済自由化から4半世紀が経過した今日、国民生活に重要なインドの公共サービス部門はどのような状況にあるのか。本書では飲料水、都市ごみ処理等の公共サービスの実態を明らかにし、またその改革の方向を探る。

44 アジアの航空貨物輸送と空港
池上　寛編　　　2017年　276p.　3400円

国際物流の一端を担う航空貨物は、近年アジアを中心に取扱量を大きく増加させている。本書ではアジアの主要国・地域の航空貨物についてとりあげ、またASEANやインテグレーターの動きも検討した。

43 チャベス政権下のベネズエラ
坂口安紀編　　　2016年　245p.　3100円

南米急進左派の急先鋒チャベス政権の14年間はベネズエラにとってどのような意味をもつのか。また彼が推進したボリバル革命とは何なのか。政治、社会、経済、外交の諸側面からその実態をさぐる。

42 内戦後のスリランカ経済
持続的発展のための諸条件
荒井悦代編　　　2016年　313p.　3900円

26年にわたる内戦を終結させ、高い経済成長と政治的安定を実現したスリランカ。成長の原動力は何だったのか。南アジアの小さな多民族国家にとってさらなる経済発展のために何が必要か探る。

41 ラテンアメリカの中小企業
清水達也・二宮康史・星野妙子著　2015年　166p.　2100円

製造拠点や消費市場として注目を集めるラテンアメリカ。中小企業の特徴、産業クラスターの形成、特有の企業文化、中小企業振興政策など、中小企業に関する情報を提供する。